駢林心影

馬芳耀著

文史哲出版社印行

國家圖書館出版品預行編目資料

駢林心影 / 馬芳耀著. -- 初版 -- 臺北市：
文史哲, 民 102.03
頁； 公分 --
ISBN 978-986-314-098-6（平裝）

855.9 102005924

駢 林 心 影

著 者：馬 芳 耀
出 版 者：文 史 哲 出 版 社
http:// www.lapen.com.tw
e-mail：lapen@ms74.hinet.net
登記證字號：行政院新聞局版臺業字五三三七號
發 行 人：彭 正 雄
發 行 所：文 史 哲 出 版 社
印 刷 者：文 史 哲 出 版 社
臺北市羅斯福路一段七十二巷四號
郵政劃撥帳號：一六一八〇一七五
電話886-2-23511028 · 傳真886-2-23965656

定價新臺幣二四〇元

中華民國一〇二年（2013）三月初版

ISBN 978-986-314-098-6 88307

駢林心影　目次

卷二　哀祭

卷三　遊記

卷四 雜篇

（一）情志瑣記

（二）書札贈序

陳序

九代文變，魏晉呈淺綺之風；八英才殊，陸潘鼓淵深之浪。自是詞壇屢轉，藝苑長青，飈流所存，士子沿革。劉宋模山範水，篇擅偶意工詞；齊梁換羽移宮，音調浮聲切響。徐庾一出，踵事增華，盡色情之描模，極律呂之協適。六朝金粉，瀰漫鳥跡之中；八代錦珠，布舒魚網之上。下而燕許樸茂，開宣公別裁之風；義山縟繁，啓有宋四六之體。夫駢文體製，染世情而有殊；才士作風，隨時序而歧異，後來學者，瞻望前人，或摹範而得型，或窺情而失步。不可一概也。

馬君芳躍，雅愛文章，廣涉博聞，沉酣著作。搦筆和墨，成篇章於頃間；論思抒懷，雜駢散於一簡。對綿遠古道，獨重陽春之吟；繁華世塵，偏輕下里之曲。規模魏晉，既襲淺綺之風；仰望宋齊，不雕縟華之貌。遺顏、謝之事典，獨宗性靈；聞庾、徐之音聲，兼務蹄韻。窺視燕、許手筆，追摹雅風；仰瞻宣公別裁，顧慕儒效。故慮構胸際，藻飛簡中，無劬勞之辭情，有流俐之筆陣。如奔馬失轡，馳騁四會之莊；飛禽出林，翺翔九皋之野。隨心所欲，駢散合機，既無辭孤之憂，復免氣阻之患。此慕忻古作，體貌前賢，竭才情於鋪摛，騰手筆於述造者也。夫才學兼擅，自古兩難，相資共榮，始成霸采。才勝者多奇華之篇，或浮輕而寡實；學豐者好博贍之語，或腿重而失鮮。劉勰云：「凡精慮造文，各競新麗，多欲練辭，莫肯研術。」故才雖俊逸，不出鍊辭之功；學在崇深，必經研術之序。馬君鍊辭研術，不讓時人，布實舒華，常優眾輩。當今文筆之術既衰，雅道多翳，麗壇之風不競，比音罕聞。而先生大倡章義，堅持士心，不務世俗之榮，無爭目前之利。久耽教育之樂，素潛鋪摛之歡，多年以來，逍遙自適。而沉酣古籍，就成麗篇，累積半生之功，欲傳永世之業。

觀其所作，篇類繁多，逐文無格律之拘，營麗免音辭之害。語出胸臆，不乞靈於往賢；文抒性情，無假寵於先士。少典事之束縛，見聞清新；本胸膺之漱傾，脣舌靈動。肆筆而出，詞無絕源；乘思而來，術必窮致。不論抒懷記興，作序撰銘，話古道今，搜奇誌異。皆騁馳辭氣，應景而書；抒軸藻思，盪情斯作。率爾揮翰，篇呈翻空之奇；遽然采風，文富輯軼之趣。故成篇千數，昔士莫之與京；創「作」半生，世人難乎爲匹。昔「湖海」定名，冀傳文德於天下；今「心影」成選，盼得知音於後來。更期浩繁巨著，新文壇之觀瞻；諏詭秘思，博世士之賞好。進而彪炳文苑，激揚後生，重昭末景之暉，再續前賢之業。今將付梓，囑爲序言，余既嘉其用思不紛，因作此評論之無隱云爾。

中華民國一〇一年七月彰化陳松雄序於東吳大學

本文作者為東吳大學文學院系所主任

駢林心影序

陳冠甫

有清嘉慶年間，錢塘陳裴之嘗謂：「人無根柢學問，必不能為詩；若無真性情，即能為詩亦不工。」旨哉斯言！然非僅止於此也，本之以論天下任何事物，莫不若是。推而言之：人無根柢學問，必不能為駢儷之文；若無真性情，即能為駢儷之文亦不工。余之所以如斯譬喻者，蓋特為當代駢林英傑馬芳耀而設也。

芳耀兄嶽降寧波，髫居鯤嶠。風神俊爽，顧視清高；與時俱新，汲古能化。原冀體壇封將，轉從棋苑稱王；嗣復發心為六朝雕龍之美文，遂乃篤志於千載經國之大業。於是目攝羣相，胸羅百城：上法前脩，中涵真我；擷華剔粕，遺貌存神。儻非有真性情，且具根柢學問，又何以天昌厥文，世濟其美！

夫文若瑕疵，勢難傳遠；辭求雅達，首重立誠。蓋文貴因時，義資覺世。

良以文章得失，原印於寸心；流俗譏評，每淆其真宰矣！所幸千百世之劫，不廢吟哦；固知一二士之心，能回天地也。

芳耀兄與吾同出一代文宗駢文大師成惕軒先生之門下，念及四十年前，夫子屢勸我勿虛擲青春於難覓賞音之麗句；詎意芳耀竟長年無悔，矢志不移；時鑄偉辭，獨孳新意。曾禿千管之兔，不愧工文；宛匯五侯之鯖，無慚知味者矣。三年前，余籌備紀念先師百歲誕辰學術研討會，蒙東吳大學陳主任松雄建請芳耀撰文時，兄正住進長庚醫院，在化療中竟口述而由秀燕夫人筆錄為〈成門師徒〉千字鴻篇。其卓捷才情，超強記性；辭無尚巧，意必求真，蓋不勝心折焉。自是兄每有製作，必先惠我。洵妙語珠連，寸心獨運；藻思泉湧，眾體咸工。信能步楚望師之後塵，直與子山老為並駕矣。

抑有晉者，拙詩屢蒙芳耀督索，週必電知。巨眼能察妍媸，寸心足驗得失；恆谿弗落，妙緒別抽。誠萬言饒沾溉之功，一字廣切磋之益也！試觀二年前拙作〈練字篇一首并序〉曰：

「據宋人《夢溪筆談》、《捫蝨新話》等筆記所載：汴京東華門外，有奔馬踐死一犬，由五家各記其事。穆修言：『馬逸，有黃犬遇蹄而斃。』張景云『有犬死奔馬之下。』歐陽脩謂：『逸馬殺犬於道。』沈存中曰：『適有奔馬踐死一犬。』或人說：『馬逸，有犬死於其下。』最短六字，最長九字，究竟優劣如何？近賢以歐陽脩只用六字最爲精簡，因而勝出。愚以爲：歐公憑其動業與不務奇崛而委備條暢、敷腴溫潤、平易近人之文章主盟宋代文壇，使唐代韓、柳古文運動臻於巔峰，厥功至偉；然文約言簡而意賅義豐一項，尚須視其是否合於情、理、法而定？逸馬並非蓄意殺犬，『殺』字不免過當，於是余在宣講之際，當堂賦詩作答，以示臺北大學受業諸生。後蒙馬兄芳耀就此議題撰成駢文，並將逸馬事以史筆書爲：『犬殞奔驥之蹄』六字；緣此，余除對以：『紀宜化工之筆』外，復於原詩中增益八句，遂成百四十字云：

汴京東華門，犬死奔馬下。宋代筆記中，五家各書寫。穆修嫌冗長，遇蹄費周章。歐陽若酷吏，殺字刑失常。存中最完整，張景尤精警。或人亦持平，難分甲乙丙。新北大課歸，淺見裁成詩。芳耀與研擬，犬殞奔驥蹄。之字暫從闕，詩文體有別。所貴傳其神，清新復駿發。辭達聖所言，執簡而御繁。命世文章著，一語定乾坤。練字如鑄鼎，張說與蘇頲。椽筆分載存，立意自高等。」

一週後，余復撰成〈續練字篇一首有序〉曰：

「晨赴淡江大學，車上思及日前馬兄電示，余當下即對成一聯，今賡足六言詩一首云：犬殞奔駿蹄下，人觀東華門前。有宋傳留史筆，是非曲直言筌。芳耀共吾研擬，千秋論著融圓。」

綜上，不難窺芳耀與吾文字交深，靈思激發之一斑。芳耀爲名門之後，生而富貴，英氣逼人；既博通文學、棋藝、音樂、體育、股市諸智能，賢內助於文學外，復雅善書畫。伉儷相得益彰，即事多欣；遠覽歐美諸國勝跡，每能燭照鏡中之鏡，雄開天外之天，是乃博學勤寫之餘，又得江山之助也。

近日，兄繼《湖海儷辭選》後，擬刊《駢林心影》新編；爲發幽芬，囑書末簡。余特拈出三年前拙撰〈成惕軒先生百歲誕辰紀念文〉中所附之〈文德歌〉：

「自古文人無行還相輕，其所垂言如何範百世？天若不生楚望師，千載騷壇士沉睡。夫子既出風氣新，建極制心且激義。載道興仁根至親，懦立頑廉德爲貴。倡行相重兼相親，弋名網利固所棄。振聾發聵揚正聲，潤色鴻業擅駢儷。

說士能甘稱薦勤，要避人才出頭地。海不珠遺寒士羅，珊瑚入網作賢吏。益世文章師門多，朗朗乾坤可經緯。在昔周情孔思扶朝綱，今卻教化陵夷道衰弊。紀念冥壽逢期頤，泱泱風範願有繼。泱泱風範願有繼！願有繼！……」共勉外，更以「至幸至福，無厄無災」吉祥語相祝禱焉，是爲序。

中華民國一〇一年教師節

淡江大學教授陳冠甫慶煌謹序於考試院

自序

拙作儷辭選付梓，洩洩襟靈，陽陽神色。越明年，復攤餘卷，續理叢篇，擇文若干以成集，名曰：《駢林心影》。

頃將餘稿，略事分門，成四類：頌詞肇其端，哀祭振其緒，繼者凝情遊記，走筆雜篇。類既分，散文之氣振其風，駢偶之詞寄其意；率託物而起興，忌斲性而勞情，此心影之所由作也。

恒念：「林」者實而尙其質，「影」者虛而藴於心。善駢者，貴虛實而並驅，始質文而爭茂。或問：筆挾虛實而爲用，體披文質而宏彰，苟如是，文之能事畢乎？曰：否！猶期佈列宮商，兼行四六；宗法兩宋，繼響六朝。文乃體貌初呈，源脈略見。士欲臻斯境，乙乙覺艱；僕薰沐斯風，悠悠久矣！

是集選文之初，恆與顯宗、信博、琹涵諸賢，駢散切究，利弊嚴分；因利祛弊以垂文，兼散攻駢而載筆；慎而爲之慎，行其所當行。今益友長懷，余致意者再。

同門松雄、冠甫教授，藉彼授受之餘，覽僕寒傖之作，爲余剴切而撰序，琳瑯以陳詞，不佞斗室深懷，寸心堪慰。

書名，蒙書法名家兆榜前輩，潛運巧心，兼融妙智，書於迢迢中台之外，幽幽雅室之間，余耿耿在心，深深馳謝。封面油畫，賢妻之作也，楓丹爭絢，韻美獨傳，親情深蘊乎圖中，溫馨倍感於心底。

夫前哲影徂，後生才富，所盼來哲：駢林鳳翥，叱咤紫霄；藝海蛟騰，爭湧碧浪；筆海滔滔而機暢，駢林代代而光昭。

卷一　頌

卷一 頌

建國百年頌

昊天降聖　粵海光昭　覆清濟眾　建我勝朝
中原一統　海又滔滔　征東伐戰　蕩寇惟勞
囂囂軍閥　聚勢稱王　汶汶華夏　劍拔弩張
孫公星殞　蔣公續航　飛旌伐北　宇內重光
扶桑釁起　宗社再傾　眾志禦侮　鼓角爭鳴
悠悠八載　闐闐甲兵　島寇終滅　赤縣風平

內戰繼作　續動干戈　士填溝壑　血染江河
化蟲化鶴　涕泗滂沱　哀矣怨矣　奈何奈何
滄桑立國　忽忽百年　斑斑前史　金石宜鐫
止戈今見　敢告諸天　孫公靈佑　國祚綿延

英雄頌

清末，朝綱紊亂，黎庶鴻哀，內賤漢尊清，主奴嚴辨；外抱薪救火，賠割惟勞。百官臨外寇而膽寒，聞鳴鏑而股慄。哀哉！八國逼侵，九域告危，危邦瓜剖有時，守士心凝無望。

洎國父孫公奮起，淹貫群經之旨，樹建國之宏綱；牢籠往聖之言，揭興邦之方略；五權彝訓作其緯，三民奧義樹其經，鼎革志堅，損益心辨。

大哉孫公！大哉孫公！彌綸種姓之溝，匡正乾坤之位，挽神州之杌隉，開政體以共和。赫兮烜兮，偉矣壯矣！宗邦之聖，華夏之雄也。頌曰：

堯封岌岌　列國交攻　山河影碎　四野哀鴻
嶽降聖哲　華夏孫公　道援天下　勢雄海東

率我多士　虎嘯龍驤　黃花碧血　史冊宏彰
天青日白　漢幟高揚　蛇山捷報　禹甸重光
赫赫開國　海內歸心　英聲震古　嘉話傳今
哲人影滅　眷慕深深　精魄不泯　曼頌詞林

神蹟頌 并序

九天媽祖，見寵見尊；累世君王，為封為賜，蓋其顯神蹟於千載，弭海難於四時也。余乃翼翼而走筆，悃悃以拈辭，頌之曰：

湄州聖母　弭浪助風　天妃天后　君賜君封
威神赫穆　百代靈通　八荒馳頌　聖蹟何窮
宋艦橫江　出使高麗　颷風疾雷　忽來天際
舳艫浪侵　山川影蔽　乍見靈光　人舟得濟
大明舸艦　七下西洋　悲風虎嘯　怒海鯨狂

神靈屢庇　駭浪潛藏　隆恩碑誌　聖澤流長
鹿耳天塹　江帆屢傾　紅毛島踞　赤崁砲鳴
威靈載顯　渡我延平　潮高一夕　利彼舟行
神蹟纍纍　環護邦家　百世朝野　篤敬有加
籩豆告廟　信眾如麻　君欽民慕　頌滿天涯

陽新成楚望先生七秩華誕頌 并序

文峯嵯峨，堅毅差堪振其勢；學海泱漭，精勤足以揚其波。若成公楚望者，峻節峯高，靈襟海闊，堅駢四儷六之毅，標逸勢於文峯；奮群經百氏之勤，蕩宏波於學海。湍飛華藻，結杏壇振鐸之緣；力殖學田，肇棘院掄才之始；佩實揚譽，信非偶然。

方其未冠也，雄才天縱，逸氣風颸，江、漢煙水滌其神，荊、楚雲霞蓄其志。及從羅田大儒王葆心先生游，笘畢唯勤，靈明益廓。涵芬吐曜，達幽顯於藝文，汲古鉤玄，辨精微於墳典。文藻於焉昭粲，學基循是盤深。

及其冠也，適長江氾濫。黃鶴樓頭，浩浩乎山洪猥至；鸚鵡洲上，蕭蕭兮禾木飄零。公則飢溺興懷，吟哦詠志，率爾成災黎之賦，瞬焉震文教之林。軍需學校張校長孝仲，備極揄揚，宏加拔擢，乃堅邀課督諸生。此其毅堅翰藻，跡發軔黌堂時也。

嗣是以降，歷任私立正陽法學院、國立政治大學、國立臺灣師範大學、國立中央大學、私立中國文化學院教授。廣陶甄於二三子，垂聲教凡四十秋，爨宮傳曲阜之薪，廉頑立懦；學海峙中流之柱，激濁揚清。觀今廊廟之股肱，何乏門牆之桃李？此其膠庠宏毅，聖教勤宣時也。

公以廿八英年，巍科獲雋。時值東倭釁起，南郡瓦殘，乃眷雄秀之雲山，忍辭枌里；悵望迷茫之烽火，戾止花溪。日偕三峽逸民，五溪豪士，砥礪氣節，澡雪精神。壯懷發燕、趙之歌，駟馬仰秣，健筆挾風雷之氣，醉林生輝；天聲揚而島寇驚，椽筆飛而民情定。慈谿 陳布雷先生獨加青睞，邀佐國防最高蓮幕。公乃帷幄運籌，機衡參贊，雄開筆陣，誓蕩妖氛，既宣樞府之勤，遂聳辭林之譽。此其螢案積學，鴻圖丕張時也。

公旋任中樞考試委員，曾膺軍法人員特種考試、金融事業人員特種考試、財政行政人員特種考試、中央公務人員升等考試、中央派用人員暨台灣省台北市簡派人員銓定任用資格考試典試委員長。藻鏡彰衡鑑之明，朝無倖進；藥籠多瑰琦之貯，士不虛生。珊網宏張，蒐遺珠於滄海；星眸孤照，發潛璧於文山。蓋能孳孳以奮勤，兢兢以執業，故得堅掄才之宏毅，樹試院之芳聲。

今夫世風遞降，聖道式微；狡童則芻狗六經，處士或餼羊諸子。鄭聲雜箜篌之引；清廟誰歌？醴酒傾鸚鵡之杯，瓊筵客醉。公遂傾智囊於《汲古新議》、《考銓文彙》、《楚望樓詩》、《藏山閣詩》諸作。默扶雅頌之輪，用樹匡濟之本。六十二年秋，集大成於《楚望樓駢體文》。珠璣其辭，淵嶽其勢，持論鎔經誥之奧義，記遊得山水之清音。固已騰翥鄧林，羽儀文苑矣！善哉！勤足窺文學之奧，毅獨標綴述之林者，其惟公乎！其惟公乎！

綜　公生平，毅統其首，勤居其宗。幼炳山川之靈，夙彰金玉之質。就師儒於有道，扇駢儷之幽芬。文正而葩，跡揚黌舍，學優則仕，芬播棘闈。昔徐、庾振藻於一朝，程、朱進學以窮理；昌黎宏宣聖教，永叔躬攬賢才；莫不澤潤士林，名高星漢。曰若公者，可謂兼之。

方今赤燄蔽天，黃埃漫野，國之賴公護名教，擢英髦，奮揚邦國之庥，用篤生靈之志者，固無有紀極也！辛酉正月某日，值公七秩覽揆之慶。海嶠春生，壺樓人健，芳耀清芬早挹，謦欬長親，放歌華國名篇，卜文風之必振；拜手藏山鉅作，喜翰藻之常新；勁節孤標，堅毅挺文峯之嶽；曠懷雄拓，精勤揚學海之波。頌曰：

荊山雄秀　漢水蒼茫　禎祥所萃　代出儁良　曰若公者
履道含章　誕敷文德　涵濡四方　少承庭訓　玉質夙彰
長就師教　奮志縹緗　弱冠成賦　秀挺鋒鋩　光朝振野
跡發鱣堂　道援函夏　鐸振上庠　執中祛蔽　聖教弘揚
巴山載筆　樞府騰芳　乃樹楨幹　護佑鄉邦　騈林雄顧
詩苑高翔　峭拔突兀　峻極穹蒼　藏山鉅製　與日爭長
有斐君子　永卜康強

寧波北侖體藝中心頌

北侖有濱海建築者，一物龐然，群情駭愕，疑來天際，莫屬人間。訪之，則嶄新體藝館也。青紫之旌綴其旁，秀傑之氣周其外，體壇爭盟之地，英雄競藝之場也。樹四海之英聲，馳一流之妙譽，頃為「國際女排菁英賽」主場。余自朝及暮，因物寄情，慕彼靈奇，賞其瑰怪，乃率爾興頌，藉申雅懷。詞曰：

北侖春漫　南國風平　層樓聳秀　佳氣來迎
青旗影動　滄海波清　聲光幻化　表裡晶瑩
疑珠疑貝　馳譽馳名　玄珠朝粲　紫貝夕明
發皇體藝　孕育菁英　鬚眉嘯傲　巾幗爭鳴

男籃術妙　女排技精　遐方異域　問鼎觀兵
壯哉斯宇　賞者凝情　賢良寄慕　豪俊為傾

英王登基廿五周年慶

賴信搏註

昔大英帝國，威加宇內，聲震人寰，挺海表獨步之姿，逐貨殖千里之夢。疆宇遙濶，戰陣雄開，統領天下，凡二百年焉。已而國步日艱，經源歲竭，九洲殖民，紛其獨立；三島故壤，頻趨剖分。嗟乎！何其衰之速耶？今女王登基之慶，朝多冠蓋，氣動風雷，金紫輝凝，豪奢士逐，昔年煊赫之勢，雄霸之風，猶依稀見焉。

西元一九七七年六月七日，女王伊麗莎白二世，金軒華蓋，佩鑽加冠，色粲粲於一朝，光昭昭於九野。肇自白金漢宮宇（註一），戾止（註二）聖保羅教堂，慶登皇王之基，凡廿五周歲；兼禱邦國之運，期億萬斯年。途中，車騎環護，皇室威生，警蹕（註三）森嚴，御林軍在。紳士駢肩而佇望，淑女聯袂而遠迎。巾幘飄香（註四），服裳藻野（註五），英倫漫騰歡之氣，君子備儒雅之風，洋洋乎壯矣哉！

是夜，女王躬臨溫莎名園，點燃皇家煙火，趨觀盛典者，三十五萬許。於時，主客莫分，參彼嘉年華（註六）之盛，君臣胥悅，同趨慶典舞之歡。電視傳實況於美、加、不列顛國協間。當是時，爭睹盛概，頌美大英者，數及三十億，可謂窮浮誇之心，極奢華之態矣！

昔聞：騷客澆愁以魯酒（註七），遷人解憂以杜康（註八），冀求酩酊醉歸，換以須臾快足；未聞邦家凌替之日，府庫窮匱之秋，猶尚奢豪，自我醉溺，如大英者也。

念吾漢唐盛世，度絕漠，蕩匈奴，統六軍，平突厥，蜺旌氣壯（註九），鼉鼓聲喧（註一〇），雄風何讓於大英？盛勢直跨乎西海！

迨乎清入關，揚州十日（註一一），境堆白骨以成山；嘉定三屠（註一二），血化紅河以漂櫓，江山震眩，猿鶴頻驚。嗟華夏兮星沈，痛腥羶兮野漫。凡我漢唐苗裔，猶凝率土之心，終復九世之仇，重光十萬里神州，匡復五千年文化，肇建共和之制，宏樹民國之基。無他，砥礪志節使然也。

今英倫，不砥礪以自期，徒淫靡以自醉，何足重樹輪奐（註一三）之邦宇，丕振疇昔之聲威哉？彼欲樹欲振，豈不能乎？蓋不爲也！寧醉廿五登基之慶，殊乏朝野礪志之心。哀哉！

註釋：

註一：白金漢宮　英國皇宮。今女王伊麗莎白二世，居此宮內。

註二：戾止　猶言「來到」、「來臨」。詩，魯頌：「魯侯戾止，言觀其旂。

註三：警蹕　天子出入，於所經路清道，止行人曰「警蹕」。

註四：巾幘飄香　巾幘，頭巾也。此指婦女而言，故曰「飄香」。

註五：服裳藻野　藻，文采也。指仕女穿著艷服，點綴於原野之間。

註六：嘉年華　緣起未考。較大可能源自歐洲，由葡萄牙人傳入巴西，於該國光大之。特色凡三：狂歡狂舞，街頭表演，俱樂部舞會及森巴舞遊行。

註七：魯酒　魯國之酒，薄酒也。庾信哀江南賦序：「楚歌非取樂之方，魯酒無忘憂之用。」

註　八：杜康　古之善造酒者，今以為酒名。曹操短歌行：「何以解憂？惟有杜康。」

註　九：蜺旌　旗也。蜺通霓。旗效虹霓之氣，故名。漢書司馬相如傳：「拖蜺旌，靡雲旗。」

註一〇：鼉鼓　鼉皮堅，以之為鼓，稱鼉鼓。詩大雅靈臺：「鼉鼓逢逢。」

註一一：揚州十日　大明軍民抗清，死守揚州。城破，清兵大肆殺戮，死者八十萬，為大漢民族，永世難忘之奇恥與災難。

註一二：嘉定三屠　一六四五年，清軍攻破嘉定，將領李成棟三度下令，對城中平民，進行大屠殺。與揚州十日，並稱兩大暴行，亦與「剃髮易服」有關。

註一三：輪奐　輪，大也。奐，華麗也。「輪奐」，原為賀人新屋落成，華麗寬敞。此比喻帝國之壯大。語出禮記檀弓下，有「美哉輪焉，美哉奐焉」之語。

卷二　哀祭

巨人銅像記

念自　蔣公宴駕以還：天傾維柱，國失蓍龜，飇風疾雷，三夜不絕；通都僻壤，兆民銜哀，蓋　公之精誠，足以昭明日月，感泣人神也。

公承諸聖之心傳，繫千載之道統，仁以周物，孝以齊民，本心物之無偏，踐知行於合一，朝野於焉清穆，文武奮以爭驅，此其精誠化眾時也。

逮其執戈護邦，征東伐北，狐鼠遠遁，海嶽清平，情共萬姓而抃歡，士頌九州之一統，斯乃精誠蕩寇時也。

已而鷹瞵華夏，鶴唳盧溝，我昭黃帝之靈，敵喚大和之魄，八秋喋血，九域息烽，斯又精誠禦侮時也。

迨乎徐蚌戰興，河山瓦裂，鴿首東渡，鯤嶼偏安，棲海甸而臥薪，望堯封而矢志，樓船誓渡，我武維揚，此其精誠激義時也。

公之茂勳也，赫濯九天，炳曜千古，蘭山箭盡，莫能詳書，蓬島史傳，信其不誣。頃於六四年四月，龍馭天歸，雞鳴野震，紫霄雷動，淡水潮高，舉凡域外域中，莫不興嗟興歎！

嗚呼！公之精誠靡間，公之英魄長存，百官思謨烈而永懷，對羹牆而寄慕，乃樹　公之銅像於大溪。且以化眾、蕩寇、禦侮、激義數端，旌表其精誠，告慰其靈魄。

大溪風煙氣淨，草木情深，青山伴英靈而峙，黔黎唯銅像是尊，諒非闔境寂寂，終古蕭蕭也。

青溪之盟祭蔣故總統經國文

——代北部六縣市後備軍人撰

哀哉元首，竭彼赤心，振我邦家，立我民命。頃以心疾，崩於北台，塔燈忽黯其光，樓船頓失其舵。悲風蕭索，伴黎庶以哀號；滄海迷茫，問君靈兮安在？江河嗚咽，煙雨迷濛，傷哉慟哉！哀矣怨矣！

憶昔庭訓恪遵，靈明日廓，俄邦困學，顛沛身經；蓋其夙殖學田，恢張氣宇，故能稀聖心備，謀國志堅。濟生民於贛南，仁歸政本；宣王命於江左，志篤財經。慮遠謀深，朝乾夕惕。感其襟懷也悲憫，觀其心志也堅貞。

自六軍撤大陳之島，人馬胥安，達道通絕域之郊，東西橫貫，心神交瘁，慮患迭生，國以之偏安，民宏沾恩澤。

洎登揆席之尊，倍增宗邦之慮。本三民之彝訓，喚九域之國魂。厚植文化之根，兼籌經建之策，國力於焉殷富，民生循是裕如。茂勳昭彰，遐方案慕。迨乎居位樞衡，奮志經濟，凝機神於十大建設。遂使吾邦，躋「亞洲四小龍」之首，奠鯤嶠模範省之基。進而振民主之聲，燃法治之炬，頒解嚴之政令，容探親於神州，黨團禁除，報章禁解。所貴開放之餘，不忘經邦軌物，依然備武修文，志動風雷，氣雄海嶽。不意邦基方固，噩耗忽傳，旋於民國七七年六月十三，崩殂於台北榮民醫院，嗚呼！猝然辭世，聞者腐心。

猶念公在世也，時與草野逸民，柳營退卒，偕遊山水，閒話桑麻，藹藹其情，嗛嗛為語。寧如列邦元首，宏樹威權之相，競聳至尊之儀哉？公獨御元首之尊榮，與編民共游處。凡此縷縷，繫念深深。

公隆勳卓茂，僕禿管難書。理萬機也劬勞，待羣生也平易，赤誠丹心執其政，世事國策攖其懷。信乎雷根，柴契爾夫人之贊：昭灼之識見焉，斬截之毅備矣！德慧山峻，志節冰清。凡我六縣市後備軍人，聞而彌敬，懷而悲生。今朝盟締青溪，誓振漢聲九千萬里，來歲兵臨赤縣，誓收衡嶽七十二峯。敢告在天，不違遺訓！

祭岳母文

岳母劉其姓，閨名愛珠。宜家宜室，惟約惟勤；尊佛尊天，尤虔尤敬；生而稱善鄉里，卒而見尊鬼神。

念其丁年喪偶，頓失依歸；子夜椎心，倍覺淒楚。其間，扶持一男四女，養焉教焉，疲矣憊矣！恆本「毫微不苟，纖介不貪」，戒子訓孫，十年一日，此其持家也。

至其息影世外，長齋佛前，八覺三空，朝聞夕悟；黃泉碧落，思遠神通。大千小千，念有情之世界；萬劫億劫，憫多難於災黎，昔見頌於花蓮慈濟，乃拳拳皈依，虔心向佛，念念行善，濟困輸財，蓋其精貫日星，終令天錫福壽。

所育一男四女，或砥柱航運之洋，或羽儀金融之囿，或杏壇敷教，蓬嶠育材；或奮經濟之輪，匡援府院；或懷遷懋之術，嘉惠閭閻。志恢拓於九野，行表坊於羣倫。孫枝眾，莫不鳳毛濟美，犀角崢嶸，此天賜其福也。

挺神木之姿，近期頤之壽，無勞鳩杖，健步能行，慣聽蟬音，聞響大悅，胸懷有容乃大，身軀無疾而終，此天賜其壽也。

民國百年十月三十日，岳母長眠夢中，賦歸天際。頃假公祭之辰，略述平生之跡，告慰南北之侶，期功之親。區區思之念之，哀矣怨矣！寒天淒惻，欲雨還休，悲緒恆懷，對景難遣。別矣岳母，痛哉余心！

祭蘇公沛文

丁亥之冬，風雨之日，區區結詞林之彥，弈海之英，備三牲，呈清醴，告祭蘇公沛之靈曰：

豐沛之邑，漢祖之鄉；公降斯域，世頌其良。
拔萃戎幕，軒翥台陽；橫天機翼，護我巖疆。
勳功烈烈，府院表彰；英聲濟濟，朝野揄揚。
涵芬履道，稱善遐荒；凌霜傲雪，樹骨堅蒼。
緣結賢配，訓垂迴廊；一門清穆，四子高翔。

秀哉長女，黌舍志昂；頃攻博士，詞海舟航。
生歲豈料，天命何常？一朝怛化，多士惋傷。
三台雨泣，九域風狂；銜哀致祭，悼痛悲涼。
哀哉！尚饗

天官小記

葆森延壽官，姚其姓。生則法曹良俊，死爲天界英靈，在世忠藎心懷，謙沖民仰，執事惟恭惟敬，斷案無袒無偏，聽狴犴不平之鳴，禁包苴潛通之弊，清譽昭灼，高骨嶙峋，聲震鴻都，人瞻馬首。

不意憸壬嘯聚，貞良見欺，敵砒霜夕毒朝侵，公體驅日虧月損，終以敵眾我寡，猶掉輕心，敵幽我明，莫辨疑勢，遂經年而命殞，辭世而天居。官延壽，天廷司續命之權，人境佑明德之士，勢跨人天之界，精昭日月之光。

嘗見公與心一，手機夕通，訊傳兩界，經籍月授，志尙群儒。心一黃卷淹通，玄機屢悟，蓋緣姚公之助也。杏壇師友，蒙恩者亦眾。或慨然延其壽，或俄而健其軀，疾者爲瘳，幽者或顯，非天官力作，神蹟丕顯，師友焉得各蒙其惠？

世尙鬼神之辯，心乏藝文之尊。余恥辯神之有無，獨嗜文之真善。每於墨翟明鬼，干寶搜神，深究撰文之寓意，細窺前哲之用心。終不作鬼神之辯。故於葆森延壽官，懷藝海之情，載文林之筆，言以實錄，詞忌虛擬，傾竭精誠，用示明哲。

若夫浮誇聖蹟，渲染姚公，法聊齋以垂文，榜天官而譁眾，妄續搜神之記，增華明鬼之篇，斯亦狗尾續貂，蛇足入畫也。蓋筆涉幽玄則乏善，文趨荒渺則失真，故智者羞爲，仁者不屑也。

代撰祭夫文

嗚呼！與君金石盟定，鶼鰈情深，忽忽逾半世紀矣！處焉既久，知者良深。君蟾月心明，鵬天志遠，丘山氣節，糞壤錢刀，武穆疑是前生；關羽疑降今世，人稱豪健，余謂清朗，君之賦性也。

少習葩經，才足四方專對；長驅蓮幕。志惟九域清澄，國學之根柢盤深，兵家之戎機洞澈，才兼文武，心慕良平，君之智術也。

閒暇，小賭小酌，靡害靡傷，興寄方城，頌惟酒德。恆以聯語、書法授子，屬眾對於嬉遊之頃，授八法於言笑之間，翠墨淋漓，秀句溫潤，貴能寓教於樂，託物忘憂，君之餘興也。

鼠年近，君猝以心疾卒，恨起一朝，哀動四野，大漢之溪嗚咽，空山之雨迷濛，雲霧興悲，親朋同慨。

嗚呼！昔夜夜蟲夢能甘，今朝朝鸞鏡自照；昔共欲白首，今散若青煙，奈何奈何？長嘆長嘆！念碧樹根連於昨，歎黃花容瘦於今。颯颯風威，亂我心曲；寂寂院落，傷我襟懷。別君在今，知君惟我，對蕭蕭之萬象，寄哀哀於寸心。所盼精魄在天，神魂入夢。

告先妣　秦太夫人

哀哉先妣，勞瘁平生，昕夕惟憂，風雨如故。

年廿三，來歸先君子。時滬瀆賈人聚，就中，龍驤之才，固商譽昭灼；鼠蛇之輩，則詐術頻興；混良莠以雜居，恆忠奸其莫辨。先君子工製革，先妣日侍其旁，龍蛇立辨，邪正嚴分，旁助世業，丕振聲名，蓋極一時之勞也。

自滬徙台，居郊近市，屋環蔓草，道傍桑田，蓋農業社會也。先君子啓林志切，振業心堅，得先妣助，有成。洎車禍殃及先君子，先妣旁侍經年，鮮得寧日，斯又一時之勞也。

余幼，里中之祠，有土地神像者，鬢旁垢生，眉間塵染。祠外溝清無蓋，水淺及階。余置神像溝中，滌之，四郊民怒，通里責加，以爲失教於親，辱神於里。余自是病焉。先妣勞以心神，餵以湯藥，顧我復我，教焉化焉，莫辨晨昏，綿歷春夏。余則終朝榻臥，半載疾瘳。傷哉先妣，又極一時之勞也。

迨余弱冠行役，切齒守疆，戎軒佈太武山前，舸艦迷料羅灣外。窮郊霜降，遊子衣單。先妣寄余背心二，親織者也。時余潛居地下碉堡，士覺人間寒凍，余感地底溫生，背心身加故也。方是時，戰陣夷險，先妣朝憂；余軀存亡，先妣夕慮；元氣歲損，華髮日凋。彼喟然嘆曰：「縱懷國士之才，何若天倫之樂？」信然！斯又一時之勞也。

已而門祚歲衰，祖業波蕩，困躓屢逢，橫逆頻至。先妣力支危局，意切挽瀾，謀行庫之援，紓遐邇之困，挺人上人之智，化險中險為夷，又極一時之勞也。

先妣迎年應節，語默必恭，列祖遠宗，酒食必備，每周思而廣慮，恆十載如一朝。平居於四子女，婚媾是憂，志業恆慮。屢告吾儕曰：「興訟絕之使無，鬩牆必嚴其戒。尙氣節，振宗邦，俯思切於廟謨，仰無愧於屋漏。」善哉先妣！善哉先妣！凝慮憂思，無時或釋；光朝震野，寸心盼期；觀其憂勞，無須臾廢離也。

事瑣瑣於心中，淚斑斑於眼底。嗚呼先妣，勞以終生，形魄由是日衰，氣血於焉歲耗，縱金石疑將毀，況血肉以何堪？戊子秋，身劬勞而氣竭，壽八六而天歸。時維國曆十月十四，亦王永慶辭世前夕也。大業道左，電炬光銷，經國路前，雨絲天降。爾時，民覺特奇，士稱殊怪，或事屬巧致，然情疑助悲。悲乎！金寶山上，諒物色淒迷；納骨塔中，今靈位妥備。別矣先妣，慟哉孤懷。所盼憂緒俱空，安然天際，精魂不泯，時來夢中。

卷三　遊記

卷三　遊記

神鬼戰士

羅馬古蹟世傳，宏聲天遠。街頭藝人，扮神鬼戰士者眾。遂使古羅馬聲勢，歷久靡衰；舊世紀風華，依稀得見。

街道彫像紛陳，石碑宏樹；或六龍在御，八駿爭馳，氣壯格高，勢雄神駭；或績揚渥大維之煊赫，或碑傳迦太基之淪亡。若夫凱撒者，內鬥龐培，外凌埃及，碑文歷歷，史跡昭昭。下逮帝室之威靈，曩昔國會之聖殿，莫不託諸彩繪，示彼神奇。

道途鋪塊狀之石，古羅馬之道也。俾利兵車之行，奮馳戈矛之戰。數百年皇皇之跡，億萬民穆穆之風，猶傳街中藝流之口。

中有龐然搏鬥場一：圓其型，峻其勢，紅垣殘壁，褐土廢墟，昔風雲競技之場，聚神鬼爭鋒之士。今威神如在，霸氣猶存。憶昔鬥者聚，劍盾紛持，死生豈計？卑賤者下趨格鬥，榮貴者上坐賞觀；人命羽輕，戰士蟻賤，今則士長埋於塵，名湮沒於史。古羅馬氣盡！新世紀代興。思古思今，惟嗟惟歎！

念昔競技場中，君王縱樂，戰士何辜？上乏視民如寶之心，終無勝殘去殺之念。今街多神鬼戰士，藝流偕過客齊扮者也。時今昔或異，情哀樂豈同？

夫君耶士耶？貴者賤者，千載終歸寂滅，萬象幻若虛無。前三雄後三雄，形潛影沒；東羅馬西羅馬，歲遠境遷，存者惟古蹟耳！。

歸而見兵器一：疑匕似劍，古色含光。欲購，妻曰：「斯器也，疑昔布魯特斯，弒凱撒之刃也。」一罷購，蓋伐兵伐城，余所深忌；況嗜殺嗜鬥，情豈獨鍾？

古國

英倫者，前史光昭，古國聲震。亞瑟圓桌，締武士之盟；理查明君，聳「獅王」之譽。迨乎十字軍東征，望名城而策馬，絕大漠而爭鋒；九世聲高，八荒民頌，國史野史，紛載紛傳，彼一時也。

一七九一至九五年間，海頓二訪英倫，乞靈勝境，度曲馳聲。歸而成倫敦交響曲，雅韻動心，清音貫耳，四章粲備，列國同尊。且慕大英國歌，而譜奧匈帝國之聲；氣韻天成，風華世頌，奧匈泱泱氣度，赫赫聲威，俱藏雅樂之中，震懾普天之下，今易主而成德國國歌矣！溯曲流脈，肇基英倫。此一時也。

拿破崙雄霸天西，誓吞域表，唯是望海峽而莫渡，對英倫而興嗟。二戰，德欲獨霸全歐，兼併百國，然其襲三島而見挫，遠千里而敗歸。英倫磐石其堅，島國自若，韌性斯見，宏聲遂揚。又一時也。

今英倫猶傲世長存！民物雖殊，今昔或異，而元神俱沛，氣勢獨雄。且觀泰晤士河，長流遠邁，濁度遞增，疑其飽閱劫灰，迭經禍患。河有靈，望濁世而淚零，懷夐古而神黯。惟仍滔滔勢峻，滾滾氣雄；淚零而不變其容，神黯而不移其志，壯濶東邁，兀自奔流。

國會倚鐘峙其外，首相敷政居其中。叢務牽纏，萬機待理；而於美元趨貶，歐債垂危，衡慮困心，朝乾夕惕，汲汲謀邦基之固，拳拳轉杌隉爲安。

摩天輪崇峻尙新，制高望遠，軸廂紛置輪側。一廂容客十餘，惟固惟堅，如蛋如眼。輪轉，軸廂抵至高點，廂中攬勝，世外忘機；滑鐵盧虹橋，泰晤士水域，威斯名斯特之區，壯飛眼底，秀掩天邊，世所謂「倫敦眼」是也。

區區宏觀西敏之寺，度越千禧之橋，覽藝術館，聖保羅教堂，遊塔橋畢。時過酉而境通明，日在天而色猶粲。燕曰：「此豈日不落之國，天獨佑其皇乎？」妙語乍聞，幽懷頓暢。

噫！史蹟斑斕於古，物色昭粲於今，曰古曰今，所繫所念者，豈在英倫乎？

羅浮宮隨筆

循羅浮宮三角塔入，壯偉宏瞻，雄奇畢見。宮四層，三層居其上，地下一。稀世之珍，夐古之寶，宮室之美，術藝之奇，庋置紛羅，精妍粲備。

地下底層，名彫纍纍，通道森森，古埃及如臨，古希臘疑至。彫者希臘神像居其半，匠心神理見其中，疑神鬼匡援，巧思別具；信血淚凝鑄，丰采秀呈。二三畫家，聚而觀彫像，或素描揣其神，或彩繪窮其態；莫不巧心潛運，古意盎然。唯趨觀幽森通道者稀。

一樓，米開蘭基羅「臨終奴隸」在焉。哀絕其容，悲愴其狀，畫則抽象揚棄，筆以實寫居宗。拉美西斯二世坐像，赫兮穆兮，惟雄惟俊。漢摩拉比法典，米羅島之維納斯，愛神卡諾氏，畫情態各具，民榮賤齊觀。

二樓佳構琳瑯，奇彩聚秀，中多宮廷逸樂，不乏宗教傳奇。忽見巨幅之作一，備極嘔心之苦，妙成加冕之圖，法蘭西之榮，拿破崙之盛，美收眼底，神傳畫中，大衛（一七四五—一八二五）之作也。

有勝利女神石像一，無首級而鼓其翼，傍石舟而傲其姿，奇想漫生，高情獨具。一室頂上呈仰角之畫，天穹浩浩，人物昭昭，玄黃色雜，人神情悅，極具立體感。余羨其術藝趨精，神思遠曠。

拿破崙三世之宮，華燈珠明，高倚序列，昭粲兮金黃爭炫，喬皇兮雄峻生威。軒窗外，艾菲塔端，羅浮宮側，青黃草色，紅紫花光，無不見。

登三樓，志欲博觀，時偏不予。印象派傑構，近世紀英風，終未見。略觀莫內雪景歸。記之，一鱗半爪，漫入箋中；片羽吉光，且收筆底。

所憾宮禁飲食、攝影。唯食者猶見，攝者爭趨，饕餮影生，盜錄人聚。而於蒙納麗莎之像，寄慕者比比，爭攝者紛紛。唯台胞雁行有序，魚貫入宮，彌見溫恭，終不犯禁。此其華夏五千年文化，陶鑄者久，濡染且深乎？乃託兔管之勤，恭揚鯤嶼之善，哀人世之氣濁，嘉島民之風清。

水之涯

舟緩渡緩趨，余爲顧爲盼。忽見圓頂教堂：色白，秀傑其表，赫穆其中。聖樂風飄而蕩心，鐘樓響震兮快耳，修女聚。

教堂左擁一水渡其舟，右鄰一河壯其勢。行百尺岸盡，二水滙，滔滔東邁，浩浩前趨，壯赴眸前，外與天合。千舟過盡，異域情歡，極目博觀，長河波遠。遠眺眾島嶼，聖馬可非遙，若遺世而傲立，似傍海而息爭。

臨於斯，疑地之角，疑海之涯，疑勝地之根，疑名都之軸。神與羣相會遇，心共千載幽通，偕海若相往還，同波臣通聲息。

名著《白鯨記》謂：民倘無心而旅，恣意而行，莫名抵水濱者十九。信乎水者，千齡文化之心，亙古文明之脈也。

夫河洛之於北疆，江漢之於南國，尼羅河於埃及，亞馬遜於巴西，其文化、文明，莫不得力於水。

威尼斯獨恃水都之水，載負名區之名，文化脈通，文明根拓，士何足怪？民何足奇？故惟水，足燃萬古之幽光，克啓羣黎之睿智！

倉匆之旅

余慕劍橋也久矣！抵英倫，望鐵道而直驅，指劍橋而奔邁，諒夙願終遂，昔夢能圓，不意鐵路風波起，罷工示威者聚。民暴動猝聞，事可驚可愕；道偶逢滯阻，車漸緩漸行。抵劍橋，過午及未，遊者寖稀，歸客負囊，倦容畢見。昔聞開溫第士實驗室，海西士敬，域表名揚，本電子發軔之區，馳原子先鋒之譽。開溫第士樹其基，盧孫弗德振其緒。方是時，余亟驅觀，時哉不予，遂罷。

匆抵國王學院，四合院建構。擁教堂，中世紀肇建，古風貌俱呈。燭火疑余至而明，聖樂疑余臨而奏；圖文深秀，几窗粲呈。外則草淨綠而傍河，水清澄而赴目。得拱橋一，柳深深其旁，舟熙熙於下，前哲陳之藩，眷戀留影處也。越橋，林蔭道通，詞人情繫。民牧乳牛於柵內，士御「鐵馬」於道旁，昔徐志摩著筆之境也。彼康橋一文中，因「一流清淺」，釀千古是非，以爲語涉文言，句非語體。然賦劍橋以唯美，縱涉文言以奚傷？況民初，文言風勁之秋，語體草創之際，撰斯句，何是非之有哉？余今躬臨勝境，竊慕前修，爲之辯，宜也。

迨至三一學院，堂廡之廣，聲譽之隆，且過聖約翰、國王學院。人懷莫爾之英，羅素之傑，英傑今身徂影滅，幸歲久名存。凱因斯經濟之雄，功高一戰二戰，響及天西天南；懷德海邏輯獨步，譽馳千邦萬邦，術傳名賢名哲。今賢哲身滅，聲華世傳。乍見牛頓雕像，容穆穆而堪懷，績烺烺而深繫。余留影石像旁，旋出，故於「三一」，匆入匆出，略覽略觀，一憾也。

匆往渡舟，旋尋歸路，返倫敦，猶懼暴徒聲囂，亂象波蕩也。既抵，禍幸未殃及，余差葆身全，此豈劍橋前哲靈佑乎？噫！遊忌倉匆，心忌浮躁，必除斯忌，始克暢遊。

舟遊雜興

舟遊劍河，情疑夢幻。劍橋華裔工讀生，充導遊。撐篙緩渡，言史詳賅。河畔學院紛陳，舟人萃聚。余心惶惶者，英倫鐵道工暴動也。爾時，得怪聞三：學院涵碧者奇草，環翠以成坡；極盡裁剪之功，不失青蒼之色。草坡踐踏是禁，環護宜先，唯資深院士，弗受是令之禁，斯亦覺怪，分際何嚴？此其一。克萊爾學院，駭聞驚傳，謎團待解。導遊曰：「克萊爾素貧，得金龜婿而富。其後，弒夫奪其貲，因富購斯院，遂以己名命學院」。聞者僞真莫辨，疑信相參，事固幽玄，情亦怪誕，此其二。

舟經歎息橋，至美。導遊曰：「英考試之制，歲歷綿曖，士每興嗟。學子越斯橋，增慮增愁，惟嗟惟歎。余問：「焉知非情困而歎？」對曰：「大抵考試使然，因考而嗟者十七，緣情而歎者十三。橋有靈，諒亦逢考逢試，恆歎恆嗟矣！」怪者三。

妻問：昔陳之藩之於國王學院，情獨鍾拱橋之柳，文不及歎息之橋者何？余曰：「彼倘望橋而聲歎，孰與望柳而情歡？」歎息之間，答問之頃，三四學院經矣！

昔遠游之礙凡三：曰礙於貲，曰礙於力，曰礙於官。夫環堵蕭森，一經是守，唯貲是匱，唯窮是嗟，汪容甫何足遠游？哀吟經年，長愁永世，身困宿疾，力何從心？盧昭鄰何足遠游？匏繫一官，心憂萬姓，欲游，驚官動府，前擁後呼，謝靈運何足遠游？

今之遠游，礙增其二：曰莫曉遐荒之言，曰恆礙突發之禍。頤夫婿英籍，幸免言筌之礙，克暢劍河之游。惟是突發禍興，暴動災作，倉皇為旅，忐忑而行，則勇者不足言游，智者逡巡觀變矣！

三巨頭

與白金漢宮，一街之隔者，綠色公園也。千坪萬坪，巨木擎天；環青環翠，明湖綴野。

鴿、鴨、松鼠者，公園三巨頭也。據卑溼之境，倚清澈之湖，相協相須，樂居樂處，望狂犬而扞拒，見狡兔而齊攻。妻謂：公園者晉也！鴿鴨松鼠三巨頭，韓、趙、魏也。儼然有三家分晉之勢，兼懷併力制故之心，彼适野情歡，棲林心悅，擬諸英皇白金漢之居，則情趣迴異，憂樂豈同？

復曰：宮中緇衣衛士，夜環護以森森；紅衫御林，朝巡行以赫赫。伊莎女王居其中，坐擁虛位，終乏實權，蓋執政權柄，歸之首相矣！女王困金紫之宮，遠蒼碧之野，其憂乃至，其樂何生？

余曰：分晉豈必爲歡？得勢豈必爲樂？蓋政爭不已，則神困依然。在野豈必神怡，據林豈必情悅？天威之作，天敵之侵，非三巨頭得以拒也。故在野居宮，各得其適，綠茵紫殿，貴得其宜。文武在朝，鴿鴨居野，樂者自樂，憂者自憂。然何得其樂而靡憂？曰：「知所進退者無憂，等視朝野者乃樂」。問三巨頭知之乎？唯聞吱吱響傳，嘎嘎聲作耳！

間歇泉壯觀

美東黃石公園（一八七二年建），佔地近九千萬公頃。峽谷雄深，林木森密，眾山環抱，稀獸來棲，湖泊曲布而秀生，瀑布高懸而峻急。其菁華者，間歇泉也。

遊於斯，必備者二：曰心貴閒澹而無憂，曰林貴峻茂而靡禍。二者失其一，無以樂其遊。

一九八八年，回祿威作，森林火焚；燄熊熊於九霄，煙漫漫乎四野。動植蕩滅，天地迷濛，客惶惶其寸心，禍綿綿者累月。

越明年，遊者逡巡，莫敢趨賞；才人淡漠，紛然賦歸；餘悸心生，舊觀影碎。復三載，心澹神閒者，駢肩蒞境焉。彼所樂者，林無烈烈之火，境有活活之泉。

黃石處火山地形帶，擁間歇泉三百。倘森林其無恙，恒遊客以爭趨。中有「老忠實」泉者，名犖犖爲著，客嘖嘖稱奇。每隔六十五分，泉契時而噴發，燄循勢而竄騰。

始焉間歇緩噴，終則恣肆怒竄；碰訇而振響，加疾以凌霄。虎嘯壯其聲，龍騰作其勢，動天動地，十尋百尋。或皎皎成雲，或團團疑霧，擬核彈之爆，盪日生奇！如江浪之騰，粘天亦秀。歷二三分而歇。

泉外護欄民聚，惶惑心駭，呼嘯神疑。大抵泉怒而駭生，泉歇而嘯止。掃興者或曰：「八八年林火，君猶憶乎？」聞者逸興爲之趨淡，高情以是索然。

余故曰：作斯遊，心貴閒澹，泉韻始通；林貴清榮，回祿莫作。情縱閒澹，林遘劫煙；林或清幽，情非澹定，皆不足盡黃石之遊興，賞噴泉之壯觀。

華夏百藝盛會

深圳夜臨，鐳射光粲，邊塞雄豪獻其藝，中原良俊逞其才。客趨賞而趨觀，士交美而交頌者，文化村百藝盛會也。

初，奇幻影生，繽紛彩漫，皇皇烈烈，粲粲瑩瑩。百城氣聳者模型，千樹燈明於廣場。衣冠色秀，煙火峯高，襯鐳射而狀益奇，倚夜空而勢益峻。

繼之，笳鼓響飛，銅鑼聲震；鬫鬫千軍，濟濟羣彥，振華夏之聲威，傳文化之犀炬。千古寓言之美，九垓神話之奇，昔為野老紛傳，陳篇累載者，今莫不託歌舞之式，秀呈眼底，粲列場中。

漫飛者大漢之旌旗，練達者少林之棍藝。萬鈞勢作，如霆如雷，四野聲騰，疑龍疑虎。百千萬里疆域，勝蹟紛呈；五十六族民風，精髓俱現。

夫神州、台海，擁黃帝而共尊；深圳、香江，指蒼穹而共戴，同氣同聲凝其血，同源同脈樹其根。乃盼香江草野遺賢，台海湖山遯客，泯恩仇於一夕，傾智術於八荒，有情而逞才，無私而獻藝，俾使華夏百藝，薪火遞傳於四海，術藝不絕於千秋。

虎丘

今見虎丘，古稱龍穴，靈秀氣蘊，雄勝境開。斯地傳聞也眾矣！

昔闔閭之葬，名劍爲陪，劍萬千，金精聚而上騰，白虎化而盤踞，故以虎丘名境。盛傳者一。

洎乎秦皇蒞於斯，求劍情殷，掘陵志切，乃鑿山而探賾，終尋劍以無門。已而鑿之處，深澗妙成，千仞萬仞，采風者往，自北自南。彼千仞萬仞之澗，世號「劍池」，民稱聖蹟。盛傳者二。

山有石井泉，味甘。泉出石脈，韻傳「劍池」，汩汩冰清，瑩瑩玉潔，酌之心悅，望而神迷。盛傳者三。

生公弘法，頑石點頭，今雖古蹟蕩然，唯其傳言猶在。此其四。

余觀遊者，客過境同源同脈，衣覆身疑古疑今；疑之者，或感其神情似今，衣履如古，或覺其衣冠非古，神貌異今。同之者，皆吳、越編民，盡炎、黃苗裔。客於盛傳之事，稱快稱奇，弗辯弗考，諒其言傳千載，趣藏一丘，竊以爲虎丘：昔本世外之仙源，今傳江東之韻事。

虎崗載筆

余於虎崗，久趨而覺親，眷遊而增愛。廟貌心繫，物色神迷，舉凡動靜之情，遐邇之趣，旁及迎晨作健，祕境探幽，莫不縷縷能詳，歷歷如見。

夫子廟堂，弦歌不輟；關羽聖殿，俎豆常新；竹猗猗福德寺前，柏森森忠烈祠畔。虎崗之廟貌也。

櫻梅聳秀於階旁，菊桂爭榮於山側；節夏冬莫辨，境賓主齊趨；野老興歌，海客揚頌。虎崗之物色也。

飛鷹天遠，狡兔林生；古樹蟬鳴，修蛇穴隱；荒雞鳴而鵲噪，奔犬至而蝶歸；龜出龜潛，鯉歡鯉躍。虎崗之動態也。

身履山巔，蒼茫野色，目窮天際，疑幻蜃樓。地博博而通幽，雲英英而無語，虎崗之靜趣也。

遠觀煙樹，野趣無窮；近覽渠塘，活水不絕；觀十圍碧樹，寄傲於山阿；望九曲清溪，遠歸於谷底；高朋勝侶，近悅遠來。虎崗遐邇之趣也。

徑幽巖秀，青衿健步縱橫；亭古丘高，翠袖迎曦吐納。韻傳國標之舞，劍出太極之門，佳氣長存，清風颯爽，迎晨作健時也。

春天農場，同心花園，仄徑潛通，幽趣無極，洪鐘忽震，雜花怒生。怪哉！無端而鶯飛，無寺而鐘鳴，虎崗宜探之幽，不宣之祕也。

余圖寫熟諳之情，彌增溫馨之愛。所盼履道垂文者至，振鴻藻於山中，經邦軌物者臨，養睿智於嶺表。

山中夜宿

抵雪霸，夜宿觀霧。暑威烈烈而頓消，凡音擾擾而遠隔，涼生四野，爽極寸心。蓋山莊拔地擎天，二千公尺；故雪霸清風爽氣，妙蘊莊園也。常識，山離地二百公尺，溫降半度，山勢彌高，氣溫彌降。今山高二千，則山之高下間，溫差十度矣！是以山麓地燠，嶺表氣清。方是時，偕妻與舜兒、孫、媳宿於斯。竊喜孤月夕明，繁星光粲，天風入我襟袖，林籟起於丘山。妻曰：「孤月因山而高潔，羣星拱月而爭榮，非唯聖境清華，猶疑仙靈將至。」信然！

媳雅文語余曰：「昂首天際，對月山前，疑是希臘化之星空，神話中之國度，惟善惟美，疑夢疑真。星光明滅之間，螢火高下；樹影婆娑之際，蟬聲抑揚。聞籬音笛音，幽情靡盡；思夢影幻影，奇趣新拔。」余聞而快然。

爾時，孫撲流螢而歡至，余聽鳴蟬而樂生，祖孫嬉遊，榮賤忘盡。時舜兒倚山呼嘯，望月言歡，閒話宙斯、亞特拉斯，以爲前者雄傑赫穆，振世威生；後者勇邁驍騰，托天氣壯。聞其言，綺思屢動，雅趣橫生。

竊謂：善文者居於是，信其靈府春生，神思天遠，童夢漫書，天機不泯，渾忘山中之甲子，人間之寵辱矣！諒嘉篇傑構，與日遞增，秀句奇情，循序積累！

或問平素家居，閣外豈乏星月乎？曰：榮利牽纏，神情交瘁，星麗天而莫睹，月照野以何知？閣中燈炬通明，空調粲備，希臘之神話影滅，雪霸之夢幻烟消，蟬響無聞，螢火安在？

夫台閣山林，星月一也！州閭雪霸，情趣殊焉！智者出台閣而赴山，庸者棄雪霸而歸里。雅盼山莊者，海桑無恙，星月長昭，靈秀克葆於千秋，風韻爭傳乎八表，俾使赴山者臨而稱快，在閭者聞而爭趨。

卷四雜篇

卷四　雜　篇

（一）情志瑣記

馬

馬者余之姓，樂者余之情。惟憾識馬人稀，知樂士寡。

馬者，無覊無困則歡，相磨相需乃樂。流沙之外，絕域之中，窮塞之郊，長城之窟，胥見踪而見影，恆傳韻而傳神。

良馬挺紫燕之名，蜚綠虵之譽，赤兔電疾，綠耳風馳，載譽負聲，光朝振野，昔人以「白鹿」名洞，時賢以「白馬」名湖，馬見稱於世也久矣！

區區於馬，牝牡莫分，玄黃等視。獨覺馬也者，在朝則哀至，在野則歡生。編木作櫺，彼居之莫適，立廷食粟，彼處之豈安？況修鬣削蹄，佩鞍絡首，何樂之有哉？

設令赴茫茫之野，挺矯矯之姿，騰躍而風驚，高鳴而谷震，信其千里志在，萬古憂銷矣！未聞處華廐之駒，晨昏足樂；負輶軒之驥，風雨猶歡者也。

祖孫情

孫二周歲有奇，其軀非高，比同齡而不足；其體非重，擬稚子以猶輕。啞啞吐其辭，切切達其意；爲盼爲顧，弗慮弗憂，終不笑。

幼幼班名師，本藝海之英，負詞林之譽。語余曰：「汝孫神沛，晨朝氣充；身動靜皆宜，物巧拙疑辨。然寡歡惟憾，弗笑是憂。」

余問：「教之，屢添師之愁，恒增師之困乎？」對曰：「未也非也！至樂至歡！余也昔對青緗而志篤，今育黃童而心歡。昔情異籍談，不廢數典；今才非匡傳，不諳解頤；授人典而非其齡，欲人笑而乏其覈。懷今懷昔，唯歎唯嗟！」。

余聞其言而悲，彼可謂出鳳毛於鷄林，振鵬翼於雁澤，才恢恢欲拓，志悃悃莫伸者也。浩浩域中，茫茫海表，雄才獨步，育子無方者皆是。堪憫而堪哀，深歎而深惜。彼焉知致「笑」之法門哉？

其後，孫居寒舍數日，共其遊，與之逐。妻嘉其乖巧，余頌以淳良，終不見其笑。久觀之，孫疑嗜丹青，情疑深楮墨。見覺門壁畫，法曹楹聯，乍喜。恒駐足而歡至，每回眸而笑生。孫歡余亦歡，孫笑妻亦笑。

累則頻呼「嘴嘴被被」。迨乎奶嘴塞其口，布被加其身，須臾夢酣，乍醒機暢。於時，孫因垂憐而笑，顏因逗弄而歡。攜而遠游，彌見歡樂。

用餐，饔飧唯肉是依，豆筍在案則拒。妻勸果蔬宜食，孫則葷素嚴分。所幸拒食其初，試嘗於後。終乃歡而遠其肉，笑而進其餐。

越數日，孫之高與重俱增。余乍聞而生歡，妻驚疑而竊笑。遂疑：孫猝然趨其高，體悄焉增其重，豈在歡情洩洩，笑語盈盈中乎？待考！

三犬

羊年以三羊啓泰，龍年以六龍徵祥，民俗也。故冀北馬奔於馬年，累千及萬，汝南鷄鳴於鷄歲，聚百成羣。莫不祈祥瑞於朝，盼豐登於野。未有免年始興，犬聲消隱，猶寶三犬，如璧如圭；豢養層樓，宜家宜室，聞犬鳴以爲泰，視犬奔以爲祥者也。有之，則自冠甫始。

彼憐物於高閣，錫犬以嘉名，曰嚭昆（一九九三—二〇〇七），曰典諾（一九九二—二〇〇四），曰嘟比（一九九四—二〇一一）。嚭昆坐臥姿雅，顧盼情深，朝示孤忠，夕防羣盜；貌疑冰而情勝火，壽近冬而心猶春。典諾瑰異其表，黠慧其中，氣靜神閒，閣中人悅；高門名種，域表價昂，近狎而彌親，遠觀則秀雅。

嘟比絨絨雪似，皎皎神傳，疑蟾月而心明，疑麒麟兮世降，晨朝則親暱見寵，雨夜以嬌嗔垂憐，奇逸生姿，空靈見性。

犬因人疏忽，致命凡二度。冠甫誠信爲禱，神奇復生。世謂稀聞，余曰至信；世疑奇蹟，余稱至誠。

夫抱柱之信，向日之誠，猶疑上足通天，下恒感物。況冠甫至誠之禱，至信之祈，豈不足感泣諸天，幽通三犬耶？天令存活，民何怪哉？

今三犬天歸，層霄雨降，疑對犬軀而泣，欲迎精魄而登。於時，地疑羣驥輟奔，天疑羣龍輟舞，山羊嗚咽，天鷄不鳴。

冠甫心念念以垂文，詩哀哀而寄意。區區，亦有情人也。文本駢儷之體，筆寫情志之篇，敢告蒼穹，庇佑靈犬。

帝王蟹

澳洲者，陵陸本袋鼠之鄉，江海蘊帝王之蟹。雷蒙情尊蟹而輕鼠，屋遠陸而近江。與德松善，嘗語之曰：「蟹足彌珍，精髓薈萃；蟹鱗殊怪，無礙觀瞻；足入鼎鼐而味鮮，鱗耀波光而色秀。惟煮蟹必去其鱗，耗時也。」

去年春，雷蒙以蟹封箱，贈台海德松，遠寄自澳，存念良朋，不辭天風海雨之寒，水驛山程之阻。今年冬，復寄贈蟹足一箱予德松。存帝蟹之精，去蟹鱗之粕。德松曰：「芳生寒舍，溫在暖冬；色味胥存，蒸煮兩利；足去殼而汁溢，肉沾脣而神怡。諒帝子吹笙而下凡，水客艤舟而尋味。帝王之蟹，江海之珍，信其美盡於斯矣！」

蟹足旁襯豆腐，旨酒、食飲兼美，童叟交歡，旬日而餘味縈懷，子夜而幽芬入夢。始信帝王名播，蟹中至尊，饕餮顏歡，域表交頌；口碑宏樹，聲譽飈騰。

飽食逐麻將之娛，酣戰懷蟹足之味，樂矣哉！八索九索，德松因勢以胡牌；五筒六筒，不佞契機而入局。何也？八九索疑同蟹足，五六筒頗類蟹形故也！形足所趨，氣運迴異，乏形者陣潰，得足者運佳；索備九八，百戰不殆；筒聚五六，千賭無憂。書之，供鯤海閒話之資，助蟹足諧談之興。

丙戌將盡，丁亥待興，歲換星移，鶯遷谷變，不移不變者，雷蒙、德松之誼也。或謂：同其澳洲也，豈必陵陸鼠賤，江海蟹尊？曰：爲賤爲尊，因人性異；嗜鼠嗜蟹，緣客情殊。情無貴賤之分，性無尊卑別者，亦雷蒙、德松之誼也。

鯉釣

髫齡，舍南溪湖多鯉。鯉聚，冬夏無憂，遐邇爭抃。每逢林丘欲曙，溪谷生春，鯉漫湖中，風清林外。方是時，山童野叟，爭赴爭趨；寸鯉尺魚，忽隱忽現。

蒙童置餌，情滿湖濱；野老持竿，趣得物外。余幼，不諳鯉釣，獨賞魚游。余偶偶趨釣，每潛通微波於鯉，期遠離誘餌於人，盼鯉憂忘江湖，禍遠童叟。余偶或釣而得魚，必放生，唯求釣趣，無礙魚歡。

越三紀，返故里觀魚。一湖猶在，萬象蕭森；舍南人空，湖中魚匿。湖疑因釣而枯竭，魚疑遠害而潛藏。諒昔年野叟林歸，山童人老。

二〇一〇年，鯉魚風動，雁陣天横，余偶抵洄瀾鯉魚潭。寄性情於寒潭，通聲息於潛鯉，兼懷髫齡之夢，不忘溪谷之魚，終賞而不釣。

腴瘦觀

雲茜，家宜二女，勝地世居，傾城色秀。雲茜腴而豐美，家宜瘦而清佳，斯二女，詞家屢頌之。唯茜恆自嫌其腴，而宜亦自嫌其瘦。

余曰：「肥瘦之間，仁智之見，相對而非絕對者也。我腴，人或豐腴過我，我何腴之嫌？余瘦，人或清瘦過余，余何瘦之有？

彼豐腴過我者，或有尤腴者存；其清瘦過余焉，或有尤瘦者見。超乎尤瘦者，東非餓莩；超乎尤腴者，西亞力士。

浩浩塵寰，恢恢海表，焉知無腴過力士，瘦過餓莩者耶？今腴者不失國色，瘦者見賞詞人，何猶自嫌哉？」

二女聞而悅。余乃即興爲歌曰：腴兮瘦兮物難齊，佳兮秀兮士爲迷。傾國傾城兮絕色，見賞見頌兮群黎。

荒旱

建國百年，青陽垂照山外之山，黔黎不覺美中之美，何也？大旱天降，喜雨亭空故也。

五月，霖雨不聞，雲霓望切，魃神肆虐，湯旱如臨，蓬山疑綠盡之秋，梅子乏黃時之雨；苗、竹山泉告罄，花、東源水幾空。忽傳輕颱艾利興，雖直撲而將臨，惜東偏而靡至。嗟呼！盼風無風，黎民哀動，俟雨不雨，水氣闕如。

頃聞：限水之令急頒，躁情之徒怒斥。竊以為：天旱為降為害，黎庶或怒或哀，勢也！情也！百官智竭，限水令宣，非得已之情，非得已之勢也。唯廊廟之間，陰陽燮理，才固有賴三公；而江湖之上，躁靜斡旋，智則有勞眾庶！

(二) 書札贈序

贈松雄冠甫序

惕公文驚廊廟，詩動江關。傳二子，松雄窺豹能周，潛通文脈；冠甫探驪有得，摭彼詩髓。辨師徒之跡，同者五。

公木天振筆，棘院馳聲。二子傳博士之經，啓鴻儒之智；名高槐市，詞動杏壇。同者一。

公於草野黎民，飢溺惟恤，窮厄是憂；昔哀涔水襄陵，夜以「愁霖」爲賦。二子望鸞泊而心悲，聞鴻哀而腸斷，詩憫「八八」之患，文寄哀哀之情。同者二。

惕公詩酬酢術精，文贈答筆妙。二子題襟句秀，介眉體工，詩文極應制之美。同者三。

公多文爲富，累詩自珍。二子撰文累其篇，賦詩藏諸閣，惜同卞氏之璧，聚同米船之珍。同者四。

師徒得失觀僉同。公嘗作寓言曰：「遐荒有一貧一富者，一貲雄趙北，疾入膏肓；一屋賃燕南，日彈琴筑。二者貧富立辨，憂樂判然。山靈好事，潛移富貲以濟貧。貧者乍得而富，繼而憂貲財復失，神氣頓頹，琴筑不作，尋病終。富者一夕趨貧，千金蕩滅，唯是仔肩重釋，靈府春生。病癒，樂而曰：『得失不離燕趙，得者何樂？失以何憂？昔富而沉疴爲憂，今貧而無恙自樂。』嗟乎！失者猶有得矣！得者豈無失乎？」斯乃公之得失觀也。

二子得失忘心，昕夕振藻。覓句，欣得之昨，猝忘於今，弗怒，蓋淡然得失矣！陽公歿，師母貽二子卷軸，公生前所寶者也。拒受，曰：「本非己有，得豈心歡？苟得於今，或沾沾心喜；倘失諸後，必黯黯神傷。」終婉拒之。欣其無得無失矣！師徒同者五。

歎今書灰野漫，劫火疑秦，雅韻聲銷，詩風俱鄭。昔陽公出，文眩而雅，詩正而葩，擿伏發奸，興頑立懦。今二子跡與公同，異時踵美增華，揚芬繼志，濟文海之溺，振詩苑之頹，其在二子乎！松雄、冠甫勉乎哉！因竭鄙誠，恭撰斯序。

讀冠甫詩

冠甫詩作，時賢紛頌之。宏篇粲粲以六千，英聲濟濟於朝野，爲律爲絕，兼善兼工。余獨賞其「奇」，文以宣其妙。

蘭陽寫心，天機清妙，頭城築夢，詩境崇閎，空靈之奇也。

纍纍詠史之作，旌表名臣，屏藩聖道，氣雄湖海，詞動鬼神，寫實之奇也。

行役中台，朝攻豹略，剪燭横舍，夕詠葩經，趣夜夜而夢迴，情渺渺而辭動，旅居之奇也。

法龍蛇而走筆，攝雲物而入圖，長天雁飛，寒潭鶴渡，詩與圖作，情同物生。畫境之奇也。

齠齔堪懷，江村信美，乃託杜陵之秋興，鯤海長吟；漫興白傅之歌行，漁家寄傲，憶往之奇也。

浮鴿首於北海，留鴻爪於南屏，波灩瀲而神馳，石嶙峋而情動，眾詩於焉粲成，記遊之奇也。

觀逐逐於蟻行，聞狺狺於犬吠，妙筆窮其態，綺思狀其聲，旁及玉潤山崖，虹吸海氣，句丕振於彩筆，詩紛貯於錦囊，冥想之奇也。

眸因枸杞而明，脈緣苜蓿而暢；泉甘沛其氣，瓜苦潤其脾，琳瑯藥材，漫入詩箧，食療之奇也。

夫眾奇星聚，八表士傳，彌徵異稟峰高，雄才天縱．今之儒林迂士，詩海庸流，嗜奇而難奇，尚古而非古，律絕兩棄，唐宋靡尊，逐險怪以爲奇，視哀艷而爲美，方之冠甫，得無愧乎？

梅花詩贈序

獻歲賦梅，名區寄興，豈必草山乎？念哉草山之野，頻傳梅樹之情。梅孤傲而後凋，樹涵芬而挺秀。睥睨塵寰眾色，競聳世外清姿，故雅士同尊，高賢爭頌。

居人曰：「斯地之梅，稱北陽無雙之品，占東風第一之枝，吐玉蕊而傳神，迎天風而樹骨。或春融碧野，絕嶺傍依；或影動黃昏，暗香潛發。海客紛臨攝其影，騷人屢至動其情，相與契鷗鷺之盟，逐蓬萊之夢，莫不飛一時之逸興，銷萬古之窮愁。」

楊詞長柳園，聞斯言而篤信。已而倚樹銷憂，託梅遣興，揮彩筆於詩苑，賦花魁於草山，成賞梅之作八。情邈邈而韻傳，思幽幽而境遠，踵前修之軌躅，不廢傳承；開勝代之風華，頻宣妙蘊；句共素英而爭秀，名同勝境而傳揚。頃獲北台文學獎前茅。固銜英華而佩實，亦分癯仙之寵光！區區欣爲馳頌，感紉何如？

昔秦少游庾嶺之經，何水部維揚之賦，林和靖之眷戀，宋廣平之朗吟，無不梅以動其心，詩以寄其意。今詞長迎風振筆，望梅拈詞，卷軸氣充，性靈句秀，斯又扶輪大雅，繼軌前修者也！

復聞詞長，任古典詩學理事長，砥柱詩海，羽儀藝林，功赫赫以長昭，志恢恢而高舉。詩侶蒙其沾溉，得其掄拔者，比比也。梅有靈，得無頌美其功，紉佩其志乎？區區拜手之餘，竭鄙誠而撰序，貽嘉侶以拙篇。柳園觀之，切莫誚以疏狂，責以迂悖也。

青澀劫餘錄小序

青澀劫餘錄一卷，冠甫少作也。方其春秋十六，棲身頭城，問學黌舍，藏書成癖，坐擁百城，嗜古垂文，禿盡千管。

奈何土牆歲溼，卷軸霉生；或糜爛其邊，或漫漶其角，一劫也。宅宇頻遷，文篇亡佚，昔作恒血淚凝鑄，今夕感心智唐捐！再劫也。徙北市，齋閣居高，秋水侵偪。屋漏，鄰架蟻侵，典籍蠹食，三劫也。

頃值耳順之年，重睹劫餘之作，十失其九，零落凋殘。今萃集昔年之作若干，陳篇無恙，拱璧同珍。中多復國八股，文尚白描，語或青澀，惟是旨歸敦厚，筆挾風雷，每飯不忘興邦，片言攸關勵志。不乏橫舍之鴻爪，倍惜去日之駒陰。

已故業師梅公一沖，評其章法井然，觀今手澤猶在。其後，陳教授貽鈺，即興補評，陳詞剴切。尤賞其「記一成名人」之作，嘉其堅貞，允推翹楚。

今冠甫載博士之英聲，授黌宮以宏業。文足以模山範水，詩足以緯地經天。余疑其藝文菑畬，肇端斯時。嗟呼！劫餘幸葆，一卷長懷；年少彌珍，眾篇克睹。對少作而眷眷，懷舊夢兮迢迢。

立德篇

余與光憲兄，西窗心契，北陽情深。兄以德馳頌海東，見尊瀛表。昔學禮於仲華經師，受易於延榮教授。詩尊楚望老，薪火遞傳；詞繼素秋師，聲華丕著。從實先、景伊輩游，潛窺聲韻之奧，洞達文字之幽，並以「王靜安先生平生及其學術」見重詞林，榮膺博士。德足以治學者也。

年卅三，任明德財經科大校座，雛鳳聲清，淵龍威動，成鯤海大專校座中，睿智獨高，行年最少者也。已而恢拓生徒之志，激揚「統御」之能，「結伴成夥」示其徒，成德達材致其教，屢獲全國辦學特優獎。德足以勸學者也。

兄於校際競賽，觸角廣伸，奇蹟恆顯。校內無外文系，參與全國大專英語演講，冠冕爲加，聲威宏震，士謂天荒獨破，民稱海內傳奇。校中無體育系，與於羽球賽，航航以襲銳，咄咄而逼侵；丕振鴻聲，屢執牛耳；氣吞河嶽，色變風雲。德足以游藝者也。

七四年，任台北市議員，學優宜仕，志切利民，不忮不求，惟精惟一。席中頻宣其閎議，瀛湄廣樹其英聲。德足以為政者也。

暇辰，必偕素敏嫂馳遊。名蹟遠邁，花海博觀，沙塞馭駝，印度馴象，行千里而不倦，遠八荒以遨遊。德足以齊家者也。

兄或為國家典試委員，或為教育大學語文研究所所長，或教育部教科書評鑑委員，或海外華語教授，朝朝克靖其位，歲歲傾竭其才。一九九八年，獲教育學術貢獻木鐸獎。挺秀揚芬，銜華佩實，比崑山瑰奇之玉，聳鄧林獨秀之枝。方是時，窮居蓬巷之人，幽滯繩樞之子，蒙其拔擢者眾。德足以周物者也。

陶朱明進退之機，希文懷憂樂於世，兄平生雅慕，二子居宗。遂本其襟懷，宣勤於述作，溫柔敦厚樹其旨，意必固我絕其心。書成「神釆飛揚」「戰勝自己」「絕無盲點」等十餘種，藉砥節而礪心，冀移風而易俗。德足以撰述者也。

光憲德以治學、勸學，或以之游藝、為政，或齊家，或周物，或撰述，信一代之通儒，堪百世而載譽！區區本寸心之耿介，託尺管以疾書，揚其所宜揚，頌其所宜頌。異時輶軒蒞止，詩史歌揚，以斯篇為之資，可也！

與友論文書

粟陳陳而易腐，文鏃鏃而貴新。前修之句俊奇，後進之才不一。來者見奇見俊，爲效爲擬；才高者化「俊」而生新，才劣者用「奇」而腐見。何也？劣者弗變弗更，因襲沿用，歷久而腐生；高者善鎔善化，妙悟巧思，翻新而奇見。蓋文終非粟，宜句化成章。

燕國公句：「洞房懸月影，高枕聽江流。」杜老作「疏簾殘月影，高枕遠江流。」一描摩痕深，雷同跡顯。杜老名句：「落月滿屋梁，猶疑照顏色。」黃山谷作「落日映江波，依稀比顏色。」亦變而未盡，化而未精也。東坡文，得力於莊周，託旨幽玄，妙契其境，鑄辭英偉，摒棄成言，堪稱換骨技精，點睛術妙矣！由赤壁之賦，克窺一斑矣！

右軍蘭亭，未入蕭選，可謂寶劍光沈，遺珠憾甚。方家屢陳其弊，詞客紛指其瑕，皆在「氣清」二字。蓋序值春深，而筆寫秋至；三春唯懷日暖，九秋始覺氣清，今何三春而氣清耶？余曰：居嶺表而氣恆清，雖春臨而勢不變，是以此非其弊，無關其瑕。唯斯作，與潘岳秋興之賦，詞或軌同，意多轍合，思化裁而不足，欲通變而未成者也。

介甫句：「坐看蒼苔色，欲上人衣來。」君化作：「妙看苔上荆公衣。」不參死句，妙鑿活泉，斯乃貌遺神傳，胎奪骨換矣！區區作：「皎皎雲行，法神駒而出岫；飄飄葉落，擬苔色而上衣。」旨在潤色增華，博君一粲也。

與業河書

昔與君西窗神契，北海舟遊；今疏濶四十餘秋，猶眷戀昔遊之樂。

僕自歸鄉，棲林而深居簡出，觀史則見賢思齊，每獨善以垂文，本兼愛而敷教，恒十年如一日，忌翫歲而愒陰。偶亦股海泛舟，弈林寄興。

前二三載，忽身患淋巴之疾，幸舍與丘山為鄰，嶺表氣清，巖旁藥眾，心趨坦蕩，疾漸為瘳。

頃聞夫人亦罹是疾，乃述攸關疾者二：一曰食之禁忌，二曰功之運作，託諸硯匣，寫其根因。斯亦獻曝心誠，兼善志切也。

禁忌之食凡三：曰肉，曰乳，曰甜食（水果不限，尤忌糖）。斯三者，癌細胞悅之，恆託之以為媒，屢藉以壯其勢。宜少貪食，莫與常親。我親三者愈繁，癌襲通體愈疾。唯偶食而奚害？屢近則非祥。若夫眾糖置牛乳之中，眾肉佐饔飧之際，朝夕如故，福禍自知。斯亦鴆毒羸弱之身，蛾飛熾烈之火也。

運功則宗李鳳山平甩功。其書周佈坊間，其效宏彰海表。招式斷非博奧，士子無虞艱深。日運百分鐘可也。

上述二端，不勞辭費，彌見效彰。倘遵斯訣，心必爲曠爲達，不忮不求；與日月長明，共山河長健；眾憂烟滅，沈疴灰移也。耿耿之心，繫念深矣！區區之意，幸垂察焉。

贈鄭君宇辰序

宇辰寄身北郡，進學東吳，奮逞驥騄之才，勤攻碩博之論。頃以《徐庾麗辭之形式與風格》，成其碩論示余，蓋問字松雄教授，蒙其點化者也。

余覽而嘉其善曰：齊梁蟬噪，剛健氣潛；徐庾鷹揚，英華世頌。君於二賢，撰其平生器識，闡其累葉家風，諧彼馬蹄，振其幽韻，如宣鴻寶，述彼英風，勢雄筆精，境遠情見，善者一。

儒林迂悖者眾。刻舟貽誚，守兔見譏；陳粟相因，駑駕充牣。君伐材語雋，磨杵功深；志窺祕而洞微，理蘊奇而通變，詞林氣象，於焉翻新。善者二。

柱下五千之語，博練以垂文；漆園內外之篇，閎深而樹義。兼美者，其徐庾乎！四子辭飄飄而靈動，氣渾渾而圓融者何？善其虛字流轉也。君於徐庾虛字法門，目張綱舉，縷析條分，詳賅為評，犂然有當。善者三。

君今復以儷體之文，撰其博士之論，恢恢其志，蕩蕩其懷。儻容繼是專精，無涉雜覽，守經史而達變，作湖山之壯遊，則名動域中，文雄天下，計日可期也。余盼深矣！君其勉旃！

僕昔嗜《左》癖深，誦《禮》情切；子書憲章荀況，祖述蒙莊，時猶旁涉雜覽也。

洎乎博觀蕭選，始慕儷辭。其後，篤一藝之工，窺六朝之奧；情寄鮑明遠，師法庾子山，近取愓公之作，文淬古今於一爐。方是時，裁鴻藻以成篇，良索奔車堪駕；效馬蹄而爲韻，蕪音累氣猶存。欲求玉潤機圓，詞清氣暢，必也韓、蘇文以旁助乎？遂兼散而驅駢，恆卅年如一日。

曰遊，橫覽尼加拉飛瀑，情采雲飄，雄瞻大峽谷奇觀，神思天遠；或橫槊天山之野，采風獠洞之陬；或西邁敦煌，北走戈壁，莫不胸懷萬古，氣凌層霄。盼切辰宇者，兼學養、遠遊而爲一，免脫三唐、六代之籬，鴻冥北邑、東吳之囿，妙成五鳳之樓手，用聚七鯤之士心，對風雨之駢林，添蓬萊以文藻。昔牧齋許貽上代興，光昭詩海；今不佞許宇辰代出，秀聳駢林。君逢江總之英年；徐圖豹變；僕值荆公之厄歲，念切龍潛。君宜幽夢影徂，捨逃虛而篤實；僕盼忘年友結，與通德而輔仁！

（三）體壇雜記

南非世足劄記序

世足劄記一卷，二零一零年之作也。會內賽卅二勁旅，技競南非，時維仲夏。七百餘選手，綿歷程期，各傾術智，志惟奪冠，氣吞長河。日報晚報之中，電視電台之際，預測賽情，失準者皆是。或卜：亞馬遜巴西，摘冠勢具；日耳曼苗裔，奪鼎夢空。或測：英格蘭帝座重登，阿根廷桂冠三奪。或謂：義大利羽儀列國，法蘭西冠冕羣雄。率本昔日足壇，強權積威爲之測也。余慎而辨其謁，謹而責其謬。

復感主裁判、巡邊員，察察其明者蓋寡，汶汶莫辨者實繁。慨誤判屢生，問洞悉者幾？余亦彰其咎，責其疏。

士或嗟世足用球，惟輕惟浮，難盤難控，余皆巧拙細辨，利病詳陳。旁及魔咒牽纏，章魚善卜，奇巧之趣，靈怪之情，莫不率性洞其幽，緣情記其實。成此劄記焉。

快哉！思悠悠者朞月，記瑣瑣以十篇。列國羣才，待緬懷於異日；一鱗半爪，且圖寫於今朝。

世足用球

名「普天同慶」者，南非世足用球也。然列國興嗟，普天共憤者何？球感其難控，惡其輕浮也。

巴西、義大利、英格蘭、西班牙，足旅佼佼者也。西羅、卡卡、范佩西、席拉德、梅西、足壇五星上將也。於「普天同慶」，莫不同聲撻伐，竟夕怨生，謂其盤之在前，忽焉傾左，頭錘乏績，足射越門，側擊屢屢爲之偏，遠傳飄飄莫之至。欲弭胸中不平之氣，必換場上積怨之球。

唯國際足總，與球商簽約底定，違約罰金鉅。約履踐者智，氣盛怒者愚。怒而爽約易球，豈非至愚且陋？

竊謂：既不容更易其球，則莫若順適其性，何幽幽其緒，憤憤其情耶？不知憤者乏其功，適者彰其效。

阿根廷伊瓜因，於斯球，率爾適其情，頃焉通其性，妙善羈控，無懼輕飄。戰南韓，獨進三球。葡萄牙迎戰北韓，狂侵狂射，予取予求，入球七，伊瓜因，葡萄牙，可謂靈通球性，巧契勝機者也！

球豈眷顧伊瓜因、葡萄牙，罔顧范佩西、義大利？曰：球既無負伊瓜因，彼將無負席拉德；既不負葡萄牙也，又何負英格蘭哉？諒「普天同慶」，無礙列強，見尊群彥！

唯是列國群英用球一，戰績殊者何？曰：適其性者存，責其球者潰。潰敗者或謂：「非戰之罪，歸咎於球。」余謂：必欲責球，寧勝而罪之焉，莫潰而責之也。勝責人以為心正，敗責世嫌其情酸。其責同，其效異！

無冕之悲

「無冕王」荷蘭，與強鄰西班牙，出師歐陸，競霸非洲。斯二強，衣振振而橘藍色分，旗飄飄而萬千士舞。

唯冠軍賽，二隊森嚴周匝有餘，震駭雄奇不足。雖守攻胥備，然勝負莫分，零比零告終。

延長賽，終場前四分，西班牙法比雷加，球傳伊涅斯塔，風勁火疾，氣峻勢雄，傳之者技精，接之者足捷；捷則甘冒越位之險，亟建入球之功。霎時，球勁射入龍門，底定其鴻業。唯伊涅斯越位於先，主客俱見，情勢昭然。

英籍裁判韋伯，視越位之情，青睞猶惑；順入球之勢，銀笛震鳴，判斯球入門得分，荷零比一飲恨。

哀哉荷蘭，爭冠冕者三，乖時運者屢，終告鎩羽賦歸，登峯未遂，昔顏駟歷三朝而不遇，李廣終一世而難封，斯固仕途罕逢，不意球苑亦見。命也！

域中窮士，林表逸民，名遠雁塔而莫題，志隨鴻波而汨沒，命同荷蘭者皆是。往代草野遺賢，沙塞良將，龍蟄蓬廬之下，鳳棲草莽之間，疑同無冕之王，殊乏封侯之命者，雜見青史，紛傳鴻儒。思之，不禁撫今昔而空悲，棄楮墨而三歎！

奪標

大賽奪標，士以爲易，余獨覺難。

猶憶髫齡，屢趨黌舍，見單槓名手陳氏，團團身轉，狀美如輪；渾渾氣雄，手不離槓。始疑其將墜，終見其趨安，世所謂「大車輪」者也。問其竅，曰：「忌摔！凡摔者，終生心惴，奪冠夢空。」陳氏風雨宣勤，晨昏不輟。三載，赴大賽，問鼎七度，奪魁無門。夫摔者無所成固矣！然陳氏未嘗摔，奮勤歷久，拔萃猶艱，奪標豈易易哉？

林氏工弈，躍馬馳車，精其取勢；飛砲渡卒，巧其用兵。問其制勝之機，臨枰之訣，對曰：「忌誤！一招訛誤，『九宮』告危。」

彼參大賽者屢，招式無訛無誤，名位或二或三。何也？勝者十三，和者十七，績分不足奪冠也。蓋二和同乎勝一負一，六和無異負三勝三，十和，累其負凡五。故雖百戰而無訛，惟是屢和而增負。斯賽也，林氏歷兼旬而不敗，欲摘冠以猶難，奪冠之途，難乎其難矣！

重量級拳賽，班氏允推獨步，國手莫與之京。觀其速閃疾攻，屢戰不殆。詢其故，曰：「忌守！」

及參與亞洲賽，名每獲三四者何？蓋綿歷十五回合，力久易竭，氣銳趨消故也。嗟呼！獨善其攻，荒忽其守，猶莫之掄元，奪標何其難耶？

張氏之於足球，抄截術精，盤控藝巧，屢勝。問勝訣，曰：「忌獨！一夫獨勇，勁射貪功；眾將在旁，嘆觀莫助，其賽終乏其善，難奏其功。」

及大賽，隊友扼腕者屢，飲恨趨歸，該隊終莫之封王。夫張氏重團隊，忌獨而助攻，無私而趨戰，猶難奪冠冕，終湮沒聲名，孰謂奪標易耶？

天下之事，故無絕對者也！忌捽忌誤之言，忌守忌獨之訓，豈必致勝之妙門，奪標之玄鑰乎？日後，世必有無遵斯訓，蔑視其言者，百忌胥除，一幟獨樹，奮而奪標者也。

一藝之工

昔聞：勤而致績，嬉則無功，蓋欲學子精勤，卷軸莫廢，忌嬉遊而怠學也。

今局變而時移，或民嬉而功顯，學子嬉以致其績者，遍及天下，粲見人間。

嬉而工球，入職棒職籃之苑；嬉而爲弈，馳象棋圍棋之名，莫不榮利兼收，朝野寄慕。

馬琳雄踞乒乓界，伍茲獨善高爾夫；美利堅布萊恩，籃壇之霸，英格蘭席拉德，足旅之英，皆嬉而顯其功者也。

嚴貞，年十五，本簪纓之胄，居王謝之庭，輟學，攻花式撞球，欲雄瀛表，圖霸天西，尤慕艾莉絲費雪。父屢屢阻其嬉，余耿耿嘉其志。蓋其數理智拙，文史才疏，唯一桿妙控手中，眾球巧入袋底。今翠袖角球壇之后，赤心揚藝海之波，同儕夜焚其膏，日勤其學，其績莫顯，其名不彰者皆是。

事無必然者也，嬉豈必無所成乎？藝貴其工，材必有用，豈限學業之成乎？頃聞「小胖」楊育群赴美，天籟聲飛，震他山之客；仙音響作，扣北美之心。不亦嬉而有成者乎？爲文，勉嚴貞。

（四）話舊懷昔

粽

余歷端陽，六六秋矣！臨斯節，或桑田林野，愛日麗天；或風片雨絲，甘霖潤物。陰晴靡定，歡抃曾同。是日，裹粽渡舟，逢辰迎俗者，觸目皆是也。民俗不移者百代，民情殷切者千齡。

余嗜粽，每趨鹹而惡甜，恒鑽研而窺祕。就中，葉黏糯米，譽馳州閭，秀色爭誇，佐料粲備，類油飯者，北部粽也。

芳汁滲漉於粽裏，嚼勁縈迴於夢中，裹者期密期精，食焉不黏不膩者，南部粽也。

杭、滬粽鹹，鄉心屢繫；川、滇味辣，海客歡生，風味攸殊，情趣互見。

或南北粽，或滬、杭、川、滇之味，民唯色香是辨，質必良莠嚴分，形欲靈奇，味歸美善，漸忘節令之始，寄寓之深矣！

余遂以屈平事，告里巷孫輩曰：「彼忠藎見疑，憸壬妒害。迨其汨羅身殞，楚騷世傳；上感天心，下騰民口。

俗之投粽於江者，粽沈粽浮，魚來魚往，盼魚唯食編民之粽，莫食屈子之軀也。然楚客精魂，曠世不泯；汨羅英魄，與日長存。豈計較魚往魚來，食軀食粽哉？」

孫輩聞言而心忭，對粽而情深。

文運

憶童蒙習文，類不出反共八股。通篇惟涉興邦，片言胥關反共，學子千篇形似，一意雷同，雅俗莫分，妍媸豈辨？

衆徒翼翼執其筆，耿耿示其心，就師言師意而書之，從者見褒，違者見撻。

一日，師以「復國新機運」爲題，嚴令以「總裁之訓」、「復國之機」作結，余書：「歲歲奉總裁之訓，朝朝待復國之機」，自覺精工，諒蒙嘉許。不意業師震怒，夏楚橫加，蓋「總裁」句前，未冠「英明」二字；「復國」句上，未加「神聖」一詞。冠而加之，則成「歲歲奉英明總裁之訓，朝朝待神聖復國之機。」師以爲至此，句始圓融，意乃昭晰。

師置評語文末曰：「闕文屢見，宏旨莫彰，蒙童忨愒，野性難馴。」余幼，覽而莫通其意，思而愈惑其旨。噫！斯類文，造語味同嚼臘，遣詞句似刻舟，雅趣蕩然，生機泯滅。

今忽忽一甲子矣！今昔之境屢遷，哀樂之情迥異；哀者何？昔年夏楚之加，今猶疼；昔疼入骨，今疼在心。樂者何？反共八股，煙消燼滅矣！琦君、光中、曉風代出，注語體以活水，賦詞林以生機。

昔年業師，人冉冉而趨老，髮斑斑而漸黃，語余曰：「反共八股，大時代之悲情也。上宣下行，山鳴谷應。愚生民之智，傷詞客之心，教之者心無奈何，書之者情非得已。今世局丕變，文運翻新，幸哉幸哉！堪慰堪慰！」余聞而慨然！

愚叟

愚叟本世外愚人，瀛湄遯客，自歎懵懵終日，碌碌平生。

恆語人曰：「余髫齡忤逆，天性實愚，走馬鬥雞，呼盧喝雉，少之愚也。年十二，始隨青青子衿，邁往迢迢庠序。於數學，困頓在心，通變乏術。偶逢雞兔演算之題，則曰：『愚哉斯學，陋哉斯題，閒置雞兔於一籠，細數其足，愚陋之至矣！閒置者固陋，細數者亦愚。』師聞而太息，感而興嗟！毗鄰班導師二：一誚余愚，彼不自知其陋；一譏余陋，亦不自知其愚。蓋二師，魯魚莫辨，鼠璞莫知者也。此余青少年之愚。

年廿三，伐木無方，彫物非美，捕鯊鯊襲，射鵰鵰侵，青年之愚也。

四十而謀職，身棲棘院，不足掄英賢；任重柏台，無以制貪佞，三仕三黜，無怨無尤，蓋余中年猶愚也。

逮至年半期頤，事無成。樽俎折衝，致績績乏，閭閻久旱，歸田田荒，內外交傷，神智俱困。此知非年之愚也。

復十秋，經貿，趨熱河而貨滯，赴涼州而貲虧。老來之愚也。忽聞昔毗鄰班導二：一遠赴熱河而失智，一歸老涼州以猶愚。啇旅曰：『失智者其智遜君，素愚者其愚過汝。』聞啇旅之言，雖自慨終生之愚，亦堪稱一時之樂也。」

區區至愚，智難以霖雨蒼生，文莫能旌表元聖，聞叟言，謹假寸箋寸管，圖寫愚叟愚言，成斯文，岐嶷之士，博雅之徒，莫因余之愚，而誚彼愚叟，譏此愚文也。

無可奈何

事無可奈何者眾。

梅姬，怪颱也。風離台而復返，雨行地而怒侵。蘇花道猝臨坍方，山崩基陷，車墜人危，山困者四百餘，踪消者二三十。

中有輸運之業，彫塑之工，涉險幽山，疾驅峻谷，圖謀生計，甘冒險巇。一夕禍生，九垓民慟，無奈無奈！如何如何？

神州遊客一團，慕蘇花之名也久矣！逢怪颱，莫辨滯留之勢，莫諳折返之情，蓬萊遠遊，蘇花樂抵，乃冒風雨之險，長驅崖谷之行，岌岌巨巖側其旁，寸寸柔腸疑將斷，災難興，車墜窮谷，魂斷幽山。

七鯤大眾傳媒，怨焉責焉，怒起恨起。怨天禍降，責谷石崩，怒加木魅山精，羣魑作祟；恨生鳥道羊腸，百折縈迴。洵自一九三二年，闢斯道以還，七十八年所未有。嗟歎嗟歎！奈何奈何？

所惑無知者，暴風無畏，暴雨無憂，賞浪觀潮，舟遊海釣，幽谷直驅，不避夷險；險峯登涉，輕忽死生。災至，空勤地勤，山客海客，朝野往濟，遐邇爭援，所耗社會之資，不亦大乎？

耗者鉅焉，惑亦深矣！所盼孝子宜避斯遊，君子宜忌斯興，莫無端而涉險，莫勞眾以濟援。劫難猝興，固嗟以無奈；災禬不避，又爲之奈何？

鴻儒

文博飛蓬其首，衰柳其姿，澤畔獨徘，江干喟歎，有輕生之意焉！問其故，曰：「妻疑然其智，嵬然其才，橫槊賦詩，不讓孟德；垂帷定策，克比留侯。貨殖則翠袖陶朱，戰伐則紅妝武穆。若夫折衝樽俎，會遇衣冠，又豈讓鬚眉耶？倘居美利堅，必同希拉蕊。

區區大盜也，才乏智拙，釀禍興災，毀寺劫財，橫江掠貨。自維：在天則天狗，思吞日而快然；在地則地牛，掀撼山之怒震；災之母，禍之根也。處世，則曹交九尺，空負其軀；呂蒙無文，疏懶其性。曰賦，辭乏駢儷之美，士惟闒茸之譏，愧哉愧哉！過矣過矣！苟活豈盼？自盡是期！」

余曰：「日蝕終見其明，人過不憚其改。君倘一改興災之念，悉泯釀禍之心，學以儲其才，遊以廣其智，十載廿載，求死求生，君始自擇可也！」

文博自是惟精惟勤，通今通古，禍國心泯，度眾念生。卅載，成一代鴻儒，才智且過其妻。

扶桑巨禍

地震興乎前，海嘯繼其後，扶桑之巨禍，世紀之駭聞也。

二〇一一年三月，中州氣淨，東海波平。忽傳海東國日本，強震興發於本州，駭浪怒掀乎外海，位居東北，禍掩遐荒。強震芮氏規模九點零。方是時，宏聲震野，攝將士之魂；猛浪稽天，動風雷之氣。宮城、福島，猿嘯龍吟；岩手、青森，木鳴山墜。濁流行地，野火生林，竄火舌於紫虛，俱焚玉石；化桑田爲滄海，汩沒人禽。車屋萍飄，漁舟絮蕩，人疑歸太古，漫漫煙塵；世疑返洪荒，茫茫天地。民聚，每飯不忘海嘯，片言攸關禍興。

日朝野憂之者，核電輻射，外洩堪虞；機坪蒼茫，心生憯惻；堤壩猝裂，山舍燒殘，疑加雪上之霜，倍增禍中之劫。

首府東京，遠震央四百公里，震烈烈以猶覺，響隆隆而遍傳，鐵塔頂傾，地軌形變，柱搖搖兮危墜，閣蕩蕩以何安？股市狂傾，生民惴慄，幸河伯其莫作，觀海嘯而未臨，亦良足告慰也。

念斯日強震海嘯，千載一逢，今偏逢矣！舉世罕覯，今乃覯焉。擬萬顆原子彈之爆，禍且深矣！勢猶過之。傷亡者，曰北曰南，累千累萬。首相菅直人，興邦意切，挽瀾智窮，唯籲天下共援之。

未幾，西亞流沙之外，南歐列郡之間，赤縣胡錦濤，白宮歐巴馬，萬方銜哀而致悼，千里遠赴以馳援。鯤溟貲捐一億，哀矜其窘境，紓解其燃眉。

雖曰：扶桑之震至強，盼莫震頹其民志；濤浪之侵至烈，切莫侵蝕其士心。萬劫期止於今宵，百廢待興於來歲。櫻島無恙，是所至期；波瀾不驚，實爲亟盼。

澹定與從容

扶桑海嘯，黎庶魄飛，民哀洪禍猝興，士慟浩劫莫奈。野老語余曰：「扶桑災黎素質，遠優乎海內萬邦！蓋其澹定待援，從容觀變，掩傷悲而不泣，迎橫逆而泰然。凡百遵令於官府。進退循序，犁然井然；千百成行，無紛無亂。故見尊天下，稱善海東，此豈江左之民，汝南之士，得以企及哉？」

對曰：「災興劫興，民悲民慟，悲慟至極，左右乏援，民恒惘惘其神，茫茫其緒。爾時，心生無奈，唯令是從，夢碎難圓，唯援是盼。彼所以澹定從容也。

昔地震嘗作於祕魯，海嘯怒掀於印尼，民無惴惴之心，面無惶惶之色。何也？蓋二國子民，無可奈何，莫知所措也。故禍臻其極，澹定乃瞻；哀腐其心，從容反見。

一九三七年，日侵華，海寇之氣囂囂，華夏之勢岌岌。府樞計撤大後方。門成焦土，里漫劫灰，民無怨無尤，不號不泣，漸行漸撤，豈亂豈紛？曰惟漢聲是揚，士氣丕振，望巴山而遠邁，行蜀道而非艱，浩浩長驅，陽陽自若。此何故哉？禍臻極致矣！是以民皆絕望而無奈，勢乃澹定而從容。是時災民，情為枯為寂，令唯奉唯從，莫不見重列邦，稱頌四海。

夫民之哀絕一也，從容昔見於中夏，澹定今見於東倭。吾華素質，豈遜扶桑耶？」

野老聞而釋其惑，樂而歸其田，澹定而懷安，從容而行遠。

善人

積善者，或因機而致富，或轉禍而爲功，事屢見於州閭，言紛傳於野老。韓氏，拾荒者也。竹舍鷄棲，林丘蝸隱，困而行善，窮而好施，晏如也。扶桑海嘯，黎庶神頹，彼款捐萬餘以賑災。

今逢兔歲，彼生鷄年，犯太歲者也，五月，民屢勸其安太歲，弗信，已而火起山村，殃及竹舍，失其居，就農舍而暫棲。民曰：「太歲未安，祝融乃至。」余曰：「善人者，禍雖猝臨，福終非遠。」未幾，韓氏得村氓助，新舍成，與青嶂爲鄰，覆碧瓦成屋。一旬，統一發票，頭彩忽致，鴻運悄臨。世每稱奇，余曰積善。

林氏罹食道癌，偶過青丘，驚見白骨，料彼喪之久矣！憫而埋諸穴，虔而祭其靈。朞月，林氏食慾遞增，眠夢甘美，三載而疾癒。人疑奇蹟之偶現，余謂積善而祥生。

斯二事，傳者衆，信者稀。余篤信者：積善之門，縱無奇蹟，諒洪禍遠焉；積惡之士，或乏巨災，料洪福遠矣！韓、林二氏，或富致，或病瘳，善爲積爲行，禍漸離漸遠！

筆談

《夢溪筆談》載：汴京東華門外，有奔馬踐死一犬。事本恒常，辭達豈易？五大家鉛槧紛持，情態各紀。句修短不一，文軒輊莫分。

一曰：「馬逸，有黃犬遇蹄而斃。」精約寫其情，靈動狀其勢，神情妙具，氣韻獨傳。此穆修之言也。

一曰：「適有奔馬，踐死一犬。」字略減刪，意終靡失；馬之驍騰氣壯，犬之遭踐身亡，歷歷眸中，昭昭筆底。此沈存中之言也。

張景曰：「有犬死奔馬之下。」斬截以垂言，滂沛而作氣，辭意昭晰，神韻亦傳。

歐陽永叔謂：「逸馬殺犬於道。」句粹煉而才覈，智穎悟而筆精，嚴霜氣凝，孤峯勢峻。

一曰：「馬逸，有犬死於其下。」造語圓融，結體森密，無斧鑿之跡，如玉潤在崖。

五大家胥自出機杼，潛運匠心，巧焉構其詞，妙而宣其旨。冠甫問余曰：「君於汴京犬馬事，亦能踵美五大家，簡而吐其詞，約而紀其實乎？」對曰：「不佞才遠遜前修，智難啓來哲。」

自維：馬之奔逸者，半出驥騮，斷非駑劣。驥騮者，奔而踐犬於道，逸而踐兔於郊，常情也。余循其常而撰詞，因其情而達旨，曰：「犬殞奔驥之蹄。」書之，作輶軒采風之資，助海客談瀛之樂。質諸冠甫，以爲何如？

治亂之世

鄒、魯之邦，清平之世，闔境狼烽天遠，三春燕子巢歸，倉廩充盈，竊盜不作，群生榮辱辨，仁義興，尊其禮而不違，鹽其利而不犯，治世也。天禍猝降，兵劫繼興，馮夷災作於前，敵艦威加於後，血染河海，士埋塵沙，民舍瓦殘，朝綱絮蕩，亂世也。

劫後，鐵馬聲遠，銅駝棘生，內庫灰飛，平林燼滅，固哀矣！殘局未收，百廢待舉，忽兵烽又起，鼙鼓振鳴，士見困見囚，民唯歎唯嗟。敵令趨前，我豈敢後？於時，死生莫卜，仁義蕩然，士唯求一夕偏安，民唯盼一朝殘喘，天人交困，榮辱焉知？斯又至亂之世也。

夫世治而豫悅生，世亂而哀怨起。若夫至亂之世，則生民哀絕矣！見俘者死生唯命，殺剮任人；趨降者忍辱偷生，靦顏事敵，莫不死灰其面，槁木其軀，哀臻其極矣！

或謂：「堯天克睹，舜日欣瞻，清平治世也。遼、夏犯邊，安、史搆禍，亂世也。二戰猶太之民，見毒見弒，且暴且殘，倖得苟延餘生，忽又明令絕滅，至亂哀絕之世也。」斯又深契吾意，足徵吾言者也！

牢獄觀

槐市高賢，竹林逸士，聚而論牢獄觀。

陳子曰：「環乎峻宇重牆，鎖以金扃銅鐍，獄稱周匝，囚難遁逃，有形之牢，典型之獄也。」

揚子曰：「聲名之牆，深且峻矣，榮利之鐍，鎖而固之，無形之牢，困神之獄也。」

惠子曰：「匹夫匹婦，相呴相濡，夢昧魂交，晨朝神合，一旦征戍令至，恨別淚傾，人各一方，思隔千里，情之牢獄也。」

朱子曰：「律詩者，頷頸之聯嚴其對，平仄之聲勞其神；駢文者，砌鴻藻以成篇，效馬蹄而成韻；詩苑之鐍，翰林之牆，文士之牢，騷人之獄也。」

鄭子疾，坐輪椅而論曰：「僕本繩樞之子，疾入膏肓之徒，臥榻經年，人同在獄，孤燈殘燄，夜伴憂心。乍聞莫札特鋼琴曲，神魄朝歡，精魂夕悅；爾時，身如處終年之獄，心疑脫長夜之牢。牢也獄也，何足禁錮我心哉？

詞林之稱杏林子，寸管疾書，終不書其痛；畫壇之頌謝坤山，四肢多廢，終不廢其心。二賢身如在獄，心遠其牢，境界且過乎余也。」

聆諸子之論俱妙，鄭子論尤精切，悟尤閎深也。

適山僧至，亦言其牢獄觀：「士貴意誠，人皆性善，訟期無訟，刑期無期，豈需牆宇環其牢，扃鐍鎖其獄哉？名之與利，胥遠其心；情之與文，俱泯於性，山門潛隱，法海是依，無形之獄豈生？亂神之牢何困？

至若鄭子、杏林子、謝坤山，不入山門而神釋，超然牢獄而情歡，意本至誠，性歸至善，羽儀乎槐市之賢，頌美於竹林之士矣！」

諸子聞而稱善！

真蹟與仿作

方家擬人真蹟，心豈有希冀哉？情恐非得已也。米家書畫船，南宮借真蹟而仿效，成臨本以歸還，德非厚焉！品斯下矣！雖聚一舟之書畫，終貽萬載之譏評，此固不足爲訓，方家恥之。唐五大書家，擬右軍〈蘭亭序〉，神與古會，韻疑天成，仿者亂真，真者疑僞。此不得已仿之也，蓋紙之壽千齡，真蹟縱金匱封藏，石室深鎖，中無沙蟲之劫，陵谷之遷，歷千齡亦糜矣！紙既歷久而趨糜，蹟乏擬作以何存？

或謂真蹟，裱褙置溫室，葆之恆逾千年。余曰：其紙或倖存一時，其壽豈增至萬世？紙終將蕩滅，壽不克永存，何也？蓋裱褙次數，多不過五。方家倘無仿擬，真蹟何以傳遠？頃觀草聖之帖，輞川之圖，今已非真蹟矣！

夫真蹟固寶，描摹亦珍，志所期者葆真，筆不得已仿作，諒亦通人所許也。

抑謂：葉龍本異真龍，管豹終非全豹，仿者擬者，恆失真而不全，斯又奈何？曰：方家才力，必與真蹟作者同。設使人稱方家者，質本魚目，色擬鮫珠，可乎？倘與真蹟之作，才匹敵，力相侔，縱恣肆臨摹，亦略無罅隙，斷無失真不全之弊。嗟呼！仿非得已，雖僞奚傷？

今僞鈔犯游禮崧，屢製美金而屢成，七入囹圄而七出，擾金融之脈，駭美客之心，此非關方家之擬，彌增行庫之亂耳。

二子

母病，國醫侍其旁，菲傭居其側。擁二子，長者狡黠寡仁，次子賢良諄孝。

半載，母病危，沈吟在榻，亟待換肝。長子曰：「有肝待沽，其價昂貴。」母巨款交長子，曰：「必購。」肝以是得換，身旋即康彊。闔室歡見，次子不臨。歲渺其蹤，母疑非孝。」

其後，母腎衰，亦期換之。長子曰：「有腎克得，唯價非廉。」母復巨款交子曰：「必購！」腎癒，猶不見次子。母倚閭而望，臥榻猶思。元夜兮端陽，中秋兮年節，子終影滅，母乃心摧。

二載，國醫惡其長子，以為心本狡詐，性非純良，遂以實告其母曰：「汝肝趨竭，汝腎趨衰，捐腎捐肝者，次子也。唯財是貪者長子，兩詐高昂之款，寧思反哺之恩？次子寸金弗貪，尺璧未得，己肝己腎，為助為捐，體魄歲衰，元神日耗，歷二載而逝矣！」

世以捐肝腎者愚，得銀黃者智，唯得者固悅，問捐者何辜？初，母以佯購者爲孝且賢，捐贈者乏仁且逆，愚且哀矣！聞者慟焉！國醫告以實情者，深惡長男之險詐，哀矜次子之賢良也。

利誘

利之誘人也大矣，林彬貪婪成性，涉險狂徒。東非有海盜窟者，林彬輕舟趨竊，越貨潛歸。漸富，不知足，蓋屢竊得逞，故肆無忌憚。及失風，盜刖其足，火灼其膚，彼乘隙而潛歸，殘生而無悔。原始之林，廣袤之野，虎豹隱，犀象藏。林彬足殘而往赴。問其故，曰：犀角者世之珍，象牙者人惟寶，豹紋色秀，虎皮價昂。利之所趨，吾獨勇邁。利致，殘其臂，無怨無尤，稱心稱意。

零下七三度（攝氏），人間至凍之郊，天下奇寒之境，霜飛雪覆，鳥盡獸空，車馬踪消，乾坤色白，林彬樂往棲居者何？境庋藏黃金，人爭逐綺夢也！終凍斃。

竊以彬逐利也，於海寇無懼，唯貨利是圖；望稀獸而無憂，逢奇險而干冒，豈畏寒凍？但求銀黃，終殞命。

哀哉！髮膚者親賜，肢體者親遺，人子受而行之，宜其慎也。忌遠游而鋌險，懼閒居而毀傷，慎葆髮膚肢體，如見尊親，懼蒙不孝，豈若林彬哉？

困叟

困叟王氏，汝南窮厄之徒，瀛表堅蒼之士。髫齡多難，弱冠益艱，歡豫罕逢，劬勞備至，故以「困叟」自號焉。

自云：「幼逢黃河氾濫，堤潰長河，屋傾寒夜，哀鴻周佈於澤畔，荒雞震鳴於汝南，崖谷麥漂，村壚糧斷，餓莩充斥，窮士無歸，水禍之困也。漸長，倭奴禍作，禹甸烽傳，敵突騎箭奔，毒鳶雷駭，乾坤蕩蕩，人畜哀哀。鶯渺渺於江南，馬蕭蕭於冀北，痛江山兮瓦裂，共狐鼠而身潛，外侮之困也。

迨乎國共戰興，烽燧有作，憂患復生，人同窮鳥而啁啾，客隨狡兔而奔竄。堯封歷劫而終陷，鄗子見俘以何歸？乃渡滄江，轉徙碧嶠，內戰之困也。」

余曰：「方是時，君於鯤溟奮志，歲逢鶉序掄材，豈值否泰之交，剝復之變乎？」曰：「不然，無蝸殼以覆體，乏鷦枝以棲身，思歸莫歸，逐夢無夢；鶉衣百結，鶴氅空懷，志何足奮哉？方之昔年也，淒楚倍加，困躓尤甚。幸得職校，乃垂教端芳，寄身黌宇，情歡蓬舍，夢美藜床，夜就師大受教焉！及酉疾趨，近丑方返。工讀之困也。」

叟今卒業師大，累膺碩、博士，探千古文心奧蘊，蔚一代龍學宗師，雨化黌門，經傳絳帳。信乎君子，必幽滯而道顯，恆困厄而志堅。窮乎其窮，固窮節見；困乎其困，突困心堅，困叟也，天予其窮，聖道斯顯，境處其逆，志節乃瞻。余尊而撰斯篇，感而述其志，以為後生法。

困叟困學記

念困叟工讀歲月，朝化青衿，授徒章句，夕登膠序，問道師儒，往還瑞芳、北市間，寄居職校凡五載。

日日時未及酉，身亟離羣，越涸溪，穿仄徑，衢道欲求其近，步履加疾以驅。志惟速抵火車站耳。及登近酉列車，心始惴惴趨安，憂乃忡忡告釋。至北市，復轉公車師大。忍轆轆之飢，受諄諄之教。

日盼者，仄徑歲通，終無蛇患，涸溪日見，莫爆山洪。車靡誤點之憂，民頌通勤之樂。

夜校歸，始焉孤影疾竄，繼而公車載奔，站抵，搭近子時火車。至八堵，下而轉車瑞芳。既至，戴月披星，探溪索徑，夜闌人返，氣盡神疲。

車或誤時，至八堵，乏車接駁返瑞芳，望鐵軌兮迢迢，仰天墟兮黯黯，煢煢影獨，寥寥星稀。端賴站長通其情，憫其志，准搭運煤空車返。煤車既登，二里三里，徐徐邁乎修途；瑞芳終至，尋徑尋溪，汲汲歸乎橫舍。時忽忽而近丑，境寂寂而寢聲。

嘗聞：窮無奕葉之窮，困豈終生爲困？囊螢嗜古，鑿壁宣勤，夜倚熊丸而礪心，首懸屋梁而奮志，前修之困，往史恒書，莫不少屈而長伸，始幽而終顯。王叟，窮且困者也。觀其學也茹苦，察其志則彌堅，忍令困厄以終乎？廿載，終成一代鴻儒。

嗟呼！千里勞筋苦於外，誠感玄天，五秋衡慮困其心，精昭明月，遂脫終生之困，彌增累世之榮，夫千載碩儒之興，九天大任之降，未有不令其困厄者也。乃記而自勉焉。

兀者之居

黔有兀者粱氏，赤貧而居樂。偶得草舍於窮郊，遂安藜床於陋室。蓬蒿不翦，菊桂爭榮，坐擁樂窩，別懷雅趣。

或問：「居於是，縱漁父樵父堪憂，況窮者兀者豈樂？」對曰：「今昔之居境殊：昔居下水道，溝中鼠竄，眼底蛆生，魅影縱横，疑讖余困；臘炬明滅，疑誚余貧；溝外之犬來欺，水化之蟲暗襲，豈余貧且困之故哉？徙幽山，獠穴溼而骨酸疼，蠻煙漫而心瞀亂。林中豹隱，山外狐窺，築松屋而蟻侵，興竹篁而蛇至，獵兔人擾，屠狗聲聞。

十載得斯舍，爽塏堪居，暄寒自適；嘉木横青於舍外，幽草凝綠於山前。窮者忘窮，兀者忘兀，簪紱何羨？煙霞自來。何須百雉高城，萬間廣廈，始足安身立命哉？」

善哉兀者，自足樂焉！昔困躓而窮愁，今坦蕩而豫悅。今昔之變，哀樂之生，豈同哉？

問其何以貧困至此？對曰：「不肖，智困鈍愚陋，貲無積靡存。嘗聞：啓智者以頓悟居宗，集貲者以累進爲本。余反是，智乏頓悟之能，貲盼須臾致富，故窮。」

記之，以爲勸學悟道之方。學期漸進而上，道期頓悟而通。

文士見尊

文士恒相蔑相輕於昔，每見尊見重於今。

余識顯宗，半世紀矣！過從甚密，莫逆言交，見而爲尊，久而彌敬。識梅山於友朋宴，與之款款言深，呴呴情暖，示我金針以四六，得彼玉律以無窮。數十年間，文酒交歡，釣遊至樂，亦師亦友，彌重彌尊。

梅山逝，告別式中，司儀宣讀祭告文，駢儷其語，剴切其情，林鳥驚聞，淵魚感泣。問作者，則東吳松雄教授也。朞月，余直趨横舍，細與論文。松雄以近作示余，沈雄直逼陸宣公，宕逸獨承鮑明遠。區區讀而特重，豈容爲輕？因松雄識冠甫，彼以詩鳴，門戶捐棄，韓杜並尊，氣骨雲高，才情海濶，或賦詞櫻島，或尋脈雷州，神與物遊，思隨境拓，既識之，惟尊惟重，載奔載欣。

因冠甫，緣結洄瀾，情交奕老。彼昔佐戎幕，今擁書城；筆健詩雄，氣清神遠；旄倪皆敬，榮賤同尊。舉凡詩海俊英，詞林雄傑，未有不禮焉者。

頃觀槑涵之於維賢，惠蘭，情亦同。三才女南北遙隔，魚雁頻傳，秋夕祈人月以長圓，歲暮通縞紵以不絕。擬諸余與顯宗、梅山、松雄、冠甫、奕老，游處與共，聲息互通，三女豈減色哉？

恒歎歷代文士，輕蔑者眾，互尊者稀。神若即若離，情惟忽惟賤；盧前王後，名位必爭；島瘦郊寒，瑕疵必斥，謂香山之作鄙俗，賤稼軒之詞粗豪，方之今日文士見尊，屢悲於昔，恆頌於今。

詞林四皓

楊公秀峯，黃公清源，楊老世輝，柯老兆榜，今之文苑四傑也。年臻耄耋，譽滿坫壇。詞侶曰：「斯數賢，壽竝皤溪之老，而神采且勝焉，智同商嶺之英，而詞鋒猶過也！」余聞而篤信，感而快然。

竊以眾賢，各聳文名於一方，堪稱詞林之四皓。秀峯老善五七古，恆諧仄韻而攻詩，用寄平生之至樂。黃公善文，醇雅而樹義，明潔以驅辭。世輝老工詩，凝鍊而振筆，磊落以逞才。柯公兼善書法與詩。書雄渾而敦厚，詩儒雅而溫恭。

四皓與冠甫善，余因冠甫識諸賢。區區嘗戲曰：「漢惠友商山四皓，恃其羽翼之功，圓彼帝座之夢。今冠甫友詞林四皓，恃彼獎進之勞，逢斯特達之遇，膺博士。進而詩林豹變，藝海龍吟。」僕每念冠甫際遇，奇趣油然而生，勝事固稱其善。余蒙四皓，手贈宏篇，克賞諸老吐鳳才高，游龍筆健。諒區區之幸，猶在冠甫之上也。因藉禿管，惜此嘉緣。

曩者希爾伯特，詣造數學之極，名登世紀之尊，才震八荒，齒侔四皓。密爾斯坦年八三，載提琴之妙譽，馳樂界之英聲，叱咤海西，雄霸域表。故曰：牛耳或歸少壯，龍頭終屬老成。

嗟乎莫利、修伯特之英，王勃、盧照鄰之傑，英年命殞，茂齒泉歸。彼夭者，倘見希爾伯特，密爾斯坦，秀峯清源之輩，世輝兆榜之儔，胥壽而見尊，並老而彌健，得無望而拜手寄慕，逢而倒屣爭迎乎？

統獨之間

兩岸圖存之道，兆民盼切之情，現狀也。侈言統獨者愚，巧分利弊者智。不統不獨，利中利台，持現狀於千秋，泯宿仇於一夕，兩岸情契，兆民心通者也。

九域茫茫，論忌統忌獨；三台穆穆，士尚平尚和，兩岸皆厭者兵烽，兆民所恨惟戰禍。然七鯤猶主統獨者何？心關選戰，志切政權也。以是藍綠壘分，統獨論起；藍以「統」惟重，綠以「獨」爲先，明知力不足「統」焉，勢難其「獨」矣！猶鏗鏘其論，夸誕爲詞，無他，政權是爭，選戰期勝也。

問統者果思統乎？諒獨者非期獨也。一爲反「獨」而主「統」，一爲反「統」而言「獨」。寧知在中在台之民，期者兩利之形，盼者雙勝之局乎？

智者或竭懋遷之智，藉通有無之區；或一傾人力之勞，一獻電子之技，爲凝為結，互惠互援，雙勝局開，兩利形見。

愚者權勢猶爭，利病罔顧，杰杰發統獨之論，巍巍聳藍綠之旌，禍之端，災之始也。利中利旨不足，禍民禍世有餘，倘由是烽燧起兮，干戈動矣！此豈兩害之局，雙敗之形乎？

成公之宴

惕公年方不踰，心貴息爭，有四「不」一「嗜」焉。不與坫壇之鬩，不涉月旦之評，不爲斬截之言，不結狂狷之侶；以爲斯四者，眾爭之源，羣禍之祖也。有一嗜焉：良夜偶逢，綺筵恒備，偕門人，小酌以交歡。

一夕，公宴賓居邸，十友聚。梅山侍其旁，不佞居其右。酒酣，客問公四「不」之因。曰「坫壇交鬩，傷氣勞神；月旦置評，失言損德；斬截者識陋，狂狷者才疏。斯四者，詞林之禍恆生，墨海之爭蔚起。余嗜者，偶親旨酒，何禍之興？共與歡言，何爭之有？」

已而快意示文訣曰：「語忌幽僻，詞貴交鎔。火箭魚雷，句新奇是驚；春燈燕子，詞高古獨標；新偕古並驅，高與奇俱見，交鎔之效也。若乃險幽字聚，僻澀詞興，殊礙篇章之美。是以「硉矹」相銜則弊顯，「呴吸」方駕而瑕生，誦者齟齬覺艱，觀之險怪覺僻，宜忌！」

旋與座中詩客，言詩作曰：「眾法不廢，眾善宜融，莫嫌島瘦郊寒；莫道元輕白俗，兼融不廢，乃見神奇。義山隱秀而堪擬，長吉蘊奇而宜效，突兀且尊於山谷，古腴偶法乎昌黎，久焉，妙門克窺，玄機自悟。」

客復問爲詩之忌，曰：「忌寒酸，『全家都在秋風裏，九月衣裳未剪裁。』寒之尤也；『十有九人堪白眼，百無一用是書生。』酸之至也。寒之於酸，深爲之忌。」旋覺言失，罰酒，本夜光之杯，罰金谷之數。

公之酌，求其適耳。非若齊威王，長夜漫飲；偶效曹孟德，對酒當歌。公薄酒脣沾，及門心敬。偶得一察，終不敢專，或闡其幽，或宣其奧。嘗聞：轟飲誤廷樞之策，酣醉誤帷幄之籌，至若小酌生歡，無失有得者，豈必成公之宴乎？

成句

成句之用，鎔而善化者致績，套而因襲者乏功。

今之「文抄公」眾矣！擇前賢之文，語意旁通，修短相類者，爲拼爲湊，直襲直承，詞略無所更，句亦無所動，文非己有，才誇士前；實乃碌碌其才，庸庸其作，套人成句者也。

神秀菩提喻體，明鏡比心，成其偈，雖清華曉暢，惟奧蘊莫宣。慧能頓悟其機，妙翻其境，以爲世本無物象，鏡何染塵埃？化而傳其神者也。李嘉祐詩句：「水田飛白鷺，夏木囀黃鸝。」句非至巧，境非至高。王維出，「漠漠」加「水田」句上，「陰陰」冠「夏木」詞前，妙蘊乃宣，英奇頓顯。化而拓其境者也。

江爲句：「竹影橫斜水清淺，桂香浮動月黃昏。」句本空靈，神亦綿遠。

林和靖賞之，易「竹」爲「疏」，更「桂」爲「暗」，藉詠梅，頓覺氣韻周流，靈奇彌見，肸蠁於昔，傳唱至今。化而變其意者也。

或因化而傳神，或妙化而拓境，或不變其意，略更其詞，善固善焉，巧亦巧矣！終覺有所憾也。

憾者何？且更字句二三，便覺波濤無盡，然觀通句，間架終非出己，詞句每成於人，憾者一。

句也創始者湮沒其名，增華者昭彰其譽。哀哉！變易者世頌，始作者聲沈，此所以楊柳春旗，知者或寡，霞鶩秋水，吟者遞增也。憾者二。

唯太白「海風吹不盡，江月照還空。」白樂天化作「野火燒不盡，春風吹又生。」可謂鎔而得其精，化而通其覈矣！士曰：有海桑瞬變之驚，乾坤挪移之妙！余曰：一語妙化，二憾克除！

是以成句者，小化或有所憾，大化乃足爲奇；鴻才胎奪而效彰，駑駕句承而功乏。妙解斯趣，始克譴詞。

海盜

索馬利亞海盜，劫案屢興，贖金狂索，藉舟聚勢，越海橫江，赫赫威生，囂囂氣勁。干冒不測之險，宏扇劫掠之風。

美、歐列強之艦，周匝以巡行，擬遏其犯禁。近巡東非之域，遠蒐南美之洋，浩浩其洋，茫茫其域。或偶見盜寇之影，彼未興掠奪之行，終乏罪證，莫能殲也。

近一年以還，印度洋西，亞丁港外，七海之客，列國之舟，邁往未歸，前驅不返者，數倍於昔，民懼且憂，念綱紀兮蕩然，嗟江洋者險甚。

乃有南韓者，舟輪見劫者凡六，贖金損之以何窮？就中，三湖夢想號，遭勒索之金尤鉅。政府重金屢屢爲之贖，其情憤憤以何平？唯見萬貫輕拋，致使羣黎怒動。敵饑鷹俯視，予取予求；我肥羊屢充，任屠任割。哀矣怨矣！傷哉慟哉！

韓遂遣驅逐艦，曰「崔瑩號」者，載負三百壯夫，競聳滂沛浩氣，滄江偵測，玄夜潛窺，志實堅蒼，旨期伐暴。久焉，盜至，昔劫三湖珠寶號者也。今欲掠一蒙古之舟。崔瑩號震雷霆之盛怒，奮劍履以俱臨，砲爲之加，力與之角，且戰且逐，交鬥交纏，遠抵阿拉伯海，耗時逾二時辰。終令羣盜羣寇，爲殲爲擒，快閭閻之心，弭江洋之患。列邦稱頌，壯舉堪書，時二〇一一年元月也。

推南韓執政之心，民惟重，寇宜殲。終不可忽者，民心也。蓋盜猖狂則民心散，盜盡殲則民心歸。散則邦危，歸則邦固。或問：民與盜皆人，異者何？曰：人其同，心乃異！

天下第一劍

黎氏弈海無雙，香江獨秀，士號「天下第一劍」。恆剽悍振其風，斬截取其勢。貌似賓拉登而嗜殺，神疑希特勒而善攻。

象弈界名流，紛欲制之，獨覺難矣！余曰：「號第一劍，其鋒必銳，其勢必雄。制之機，在劍未出鞘之前，鋒未觸敵之際，逮其劍出鋒發，我陣恆潰，我勢乃崩。故必佈局爲之制。倘我佈局奇崛，則彼臨陣疑生，遂本危疑之心，細索守攻之策。方是時，劍何暇出鞘，鋒何暇制人？

局佈之既妥，貴在緩攻，徐圖謀進。子力嚴控河口，兵林線。伺機兌彼之子，矢志固己之營。兵力屢兌則勢消，陣營安固則局穩。爾時，彼劍縱得出鞘，彼鋒縱足攝魂，傷我者，亦僅皮毛，焉及筋骨？

局告穩，慎而避其鋒，進而尋其隙，乘隙入局則勝，乏隙入門乃和，斷無潰敗之理。

雖如是，中局殘局，揮戈止戈，纏擾之間，殺伐之變，稟賦歸其本，功力居其宗，未聞稟賦非高，功力未逮，猶足縱橫枰上，指顧局中，抗衡「第一劍」者也。」

香江宿老，棋國賢英，從吾言，翼翼與之戰，屢屢而成和。久焉，漸勝之。越一紀，「天下第一劍」，齒非茂，氣寖衰，功力歲銷，天稟月損，劍出而懼者寡，鋒發而憂者稀，中人多勝之。

噫！劍之橫行，鋒之精銳，豈有畢生無堅不摧，無懈可擊者哉？弈人豈見終始少壯，攻掠獨雄者耶？雖然，黎氏第一劍，亦嘗雄霸一方，震駭羣彥矣！

人謀

人謀不臧，天禍乃作。然洪禍出己，每歸咎於天，則謬矣！

余訪基隆之市，邑里祭鬼，地門收關，俗也。時有扮鍾馗者，因故未至。祭者以爲：有馗鬼爲收，無馗鬼豈遁？今者俗猶存而不廢，略斯環節以何礙？豈必俗規以悉遵？乃逕自收關，略斯細節。禮俗成。未幾，水漫千里，民困層樓。民謂：省略鍾馗收鬼一節，漏網之鬼，爲祟興災，昔俗既違，水患乃至。

余曰：「巧合也。廢棄之物峯高，排放之溝沙聚，秋颱忽至，山洪逼侵，廢棄物與沙，塞渠阻溝，襄陵漫野。蓋人事靡盡，與風俗奚干？」

有民牧輕狂，酒肆暴飲，賤偉人銅像，支離以成塊，蔑棄而置郊，忽中風。民謂：罪疑其深，天譴遂至。罪其不敬，譴其失仁也。

余曰：「巧合！不責人因飲癱瘓，反怪天震怒嚴懲，可乎？」

師有「則虎」其名者，身罹肝疾，道貫杏壇。耆艾興嗟，旦暮淒楚，乃易名「煥昇」。斯名也，覺韻本鏗鏘，料運非滯塞。龍行四海，自今始焉！驥騰瀛邊，無近憂矣！旋病逝。民曰：「煥昇」者，榮貴之名，峻偉之數也。尊者克配，賤者何宜？

余曰：「亦巧合也，罹病忌醫，曠日持久，亟求轉其運，不惜更其名，此其智乎？實甚愚也。」

嗟呼！禍至，不反求諸己，唯深責於天者，此即不濬渠溝，責諸鬼魄，民牧狂酌，天譴疑臨；逢疾不醫，易名轉運者也。

心

誠者心誠，摯誠而八荒覺美；怒者心怒，盛怒而羣相覺枯。

摯誠覺美者，心月長昭，空明入夢；心鎖悉解，悅勝游仙，摯誠通於內者也。

覓友音踪而不得，四海遍尋，伊人忽見；千帆過盡，嘉侶欣瞻，摯誠通於外者也。

持一瓣心香，告諸天神佛，庇佑千門於瀛表，祈銷眾劫於天涯，誠通天人之際者也。

聖母千仞，唯峯是尊；鄧林無邊，一株獨賞，誠通山之至聖，林之至尊者也。

盛怒心枯者，心火生，心兵動，權惟重，民惟輕；我在，不容天下三分，獨許域中一統，心枯趨狂者也。

峯稱聖母而恨生，火焚鄧林而令毀，九天豈大？唯我獨尊，心枯趨妄者也。

四海物華，期蒐期聚，千舟貨利，坐擁坐觀，心枯趨陋者也。

無形之鎖困心扉，有形之月迷心象，目有所不辨，耳有所不聽，心枯趨惑者也。

夫燈明滅無常，湖動靜靡定，月圓迎節，花落因秋。勢也！唯誠者，心燈永明，心湖恆靜，明明者心中之月，粲粲者心底之花，終不變。尼父、子輿，所以誠通八表，光照千秋，心恆不變使然也。

盛怒者，翳翳心鏡，蕩蕩心潮，心田蕪兮心海枯，心月黯兮心燈滅。賓拉登所以心兵不息，心火自焚，禍貽天西，魂斷域外也。

選戰雜興

成敗之機。充然天下；盛衰之勢，散見人間。或敗於昔而成乎今，或衰乎今而盛於昔。

國民、民進二黨，皆叱咤於一時，嘗崩頹於一夕。一戰功成以何悅？一夕機失以何悲？所貴爲賢，所寶者士。

今刑政之失，賢者隱，士子歸。焉知惟賢者知機，惟士人辨勢？彈鋏者衆，群賢克辨馮諼；相馬者興，多士咸知伯樂。肉食者，何足知焉辨焉？

選戰無他，尊賢者勝致，賤士者敗生。社禝之存，必政清賢聚；風教之失，則道消士潛。經濟踔厲之才，樽俎折衝之士，惟賢與士。藍營得士，故成敗之機洞鑒；綠黨乏賢，故盛衰之勢頓移。昭然理勢其明，無勞脣舌之辯！